콜롬북스 어플
무료 MP3, 스마트폰에서 바로듣자! (동영상 강의 및 MP3)

MP3를 듣는 가장 스마트한 방법

- 앱스토어 또는 구글플레이 스토어에서 '콜롬북스' 다운로드 및 설치
- 회원가입 없이 바로 원하는 도서 검색 MP3 다운로드 / 듣기
- 회원 가입시 더 다양한 서비스를 이용 가능

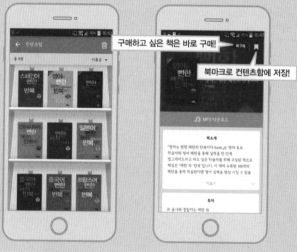

구매하고 싶은 책은 바로 구매!

북마크로 컨텐츠함에 저장!

안드로이드

콜롬북스를 설치하세요.

아이폰

알 아 두 기

- 파일을 다운로드시 Wifi 환경을 권장합니다.
- 통신망 이용 시 사용하시는 요금제에 따라 요금이 부과될 수 있음을 알려드립니다.
- 운영체제에 따라 지원되는 기능이 상이합니다. (스토어에 있는 어플 설명 참조)

스페인어는 뻔한 패턴의 반복이다

스페인어는 뻔한 패턴의 반복이다

초판 발행	2013년 03월 25일
초판 3쇄	2017년 03월 30일
저자	박소영
감수	Francisco Bermúdez Huertas
발행인	이진곤
발행처	씨앤톡
등록일자	2003년 5월 22일
등록번호	제 313-2003-00192호
ISBN	978-89-6098-190-4 (13770)
주소	경기도 파주시 문발로 405 출판도시 씨앤톡 사옥 3층
홈페이지	www.seentalk.co.kr
전화	02-338-0092
팩스	02-338-0097

스페인어는 뻔한 패턴의 반복이다

씨앤톡
See&Talk

Preface

중학교 체육 시간에 수영에 대해 배운 적이 있습니다.
수업은 당연히(?) 교실에서 이루어졌습니다.
그 수업은 어땠을까요?

손으로 물살을 가르는 느낌은 말로 설명해서 되는 것이 아닙니다.
반대로 물살에 익숙한 사람이 설명을 이해할 수 있게 되는 것이죠.

스페인어도 이와 마찬가지입니다.
패턴 혹은 스페인어 문장에 익숙해진 사람이 문법을 쉽게 이해하는
것이지 문법을 이해했으므로 패턴을 알 수 있는 것은 아닙니다.

처음부터 끝까지
스페인어의 중심은 패턴입니다.

	문법을 이해하고 단어를 이해하고 듣고 말하고 읽고 쓰고	문법이 단어가 듣기가 말하기가 읽기가 쓰기가	
패턴으로			패턴을 강화합니다.

100개의 주옥과 같은 패턴을 징검다리 삼아
여러분의 스페인어 실력이 껑충껑충 느는 모습을 상상해봅니다.

활용 방법 탐구

스페인어는 반복!
반복만이 살 길이에요.
핵심 패턴을 반복해서 익히는 습관이 말문을 틔워 주고
패턴에 문장을 붙여 보는 문장 응용 반복이 회화를 살려 줘요.

나중에 다시 복습해야지라는 안이한 생각은 당장에 접어둬요.
지금 이 자리에서 다 외우고 내 것으로 만들고 말겠다는
비장한 각오로 시작해요.

패턴을 내 것으로 만드는 순간 스페인어가 만만해져요.
머릿속에서 맴돌던 생각이 입으로 나올 때까지 반복해 보아요.
패턴 속 문법이 해결되고 회화에 사신감이 생겨요.

눈으로만 읽겠다는 생각은 간단히 패스하고 지금 바로 입으로 말
해요.

구성과 특징 탐구

이 책은 매 패턴마다 step1과 step2로 나누어져 있어요.
복잡하게 생각 말고, 회색바만 쫓아가요.
처음에는 패턴을 확인하는 step1만, 다시 볼 때는 완벽한 문장
을 만들어 말해보는 step2까지 욕심내요.

step1

step2

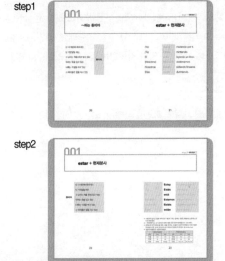

‭▪▪ ▪▪ ▪▪ ▪▪ ▪▪ ▪▪ ▪▪ ▪▪ ▪▪‬

유례없는 패턴 탐구

패턴이 만들어주는 문장을 관찰해봐요.
패턴 그들의 성향을 이해하고 각각의 취향을 분석해야 해요.
패턴 뒤에 이어지는 표현 역시 일련의 패턴이 있어요.
어색하지 않은 표현, 그 법칙은 따로 있어요.

> estar 동사와 결합하는 패턴으로 시작, 비교표현, 동사원형,
> 현재분사, 과거분사, 여러 품사와 결합하는 패턴, 비인칭 패턴,
> 문장과 결합하는 패턴, Si와 결합하는 패턴 순으로 학습해요.

유례없는 패턴의 패턴 분류로
스페인어 회화의 새로운 패턴을 만들어요!

실전 응용 탐구

군더더기 없는 워크북 시스템으로
100개의 핵심 패턴을 익히고 반복해요.

1 먼저 익히고 싶은 표현부터 찾아보아요.
2 그에 해당하는 것을 스페인어로 어떻게 말할까 먼저
  고민해요.
3 step1의 회색바를 통해 기본 패턴을 확인해요.
4 step1을 마스터했다면 페이지를 넘겨 step2로 이동해요.
5 주어진 패턴을 이용해 다른 문장들도 만들어 말해 보아요.

이 책 한 권이면 이제 스페인어 회화 문제 없어요!

contents

01 estar 동사와 결합하는 패턴

02 비교표현과 결합하는 패턴

03 동사원형과 결합하는 패턴

07 비인칭 패턴

08 문장과 결합하는 패턴

09 Si와 결합하는 패턴

01

estar 동 사 와

결 합 하 는

패 턴

001

~하는 중이야

난 너 때문에 죽어가는

넌 거짓말을 하는

그 남자는 책을 한 권 읽고 있는

우리는 옷을 입고 있는

너희는 구걸을 하고 있는

그 여자들은 잠을 자고 있는

중이야.

estar + 현재분사

(Yo)	Estoy	muriendo por ti.
(Tú)	Estás	mintiendo.
Él	está	leyendo un libro.
(Nosotros)	Estamos	vistiéndonos.
(Vosotros)	Estáis	pidiendo limosna.
Ellas	están	durmiendo.

21

001

estar + 현재분사

중이야.

난 너 때문에 죽어가는

넌 거짓말을 하는

그 남자는 책을 한 권 읽고 있는

우리는 옷을 입고 있는

너희는 구걸을 하고 있는

그 여자들은 잠을 자고 있는

(Yo)	**Estoy**	muriendo por ti.
(Tú)	**Estás**	mintiendo.
Él	**está**	leyendo un libro.
(Nosotros)	**Estamos**	vistiéndonos.
(Vosotros)	**Estáis**	pidiendo limosna.
Ellas	**están**	durmiendo.

■ 스페인어의 동사는 인칭에 따라 변하기 때문에 주어는 명시하는 경우를 제외하고는 생략하는 편이 더 자연스럽다.

■ 1, 2인칭대명사(yo, tú)가 전치사와 함께 사용될 경우 전치격 인칭대명사(mí, ti)로 바뀐다.

■ 현재분사와 목적격대명사를 함께 사용할 경우에는 '현재분사+간접목적격대명사(~에게)+직접목적격대명사(~을)' 순이며, 원 동사의 강세 위치에 표시를 해 주어야 한다. (예: vistiéndose)

■ 간접목적격대명사와 직접목적격대명사

간접목적격대명사			직접목적격대명사		
인칭	단수	복수	인칭	단수	복수
1인칭	me	nos	1인칭	me	nos
2인칭	te	os	2인칭	te	os
3인칭	le(se)	les(se)	3인칭	le, lo, la	les, los, las

23

~한 상태에 있다

박물관은		닫혀 있다.
집이		지어졌다.
생선이	(현재)	튀겨졌다.
박물관들은	(지금)	닫혀 있다.
집들이		지어졌다.
생선들이		튀겨졌다.

estar + 과거분사

El museo		cerrado	
La casa	está	hecha	
El pescado		frito	
Los museos		cerrados	ahora.
Las casas	están	hechas	
Los pescados		fritos	

002

estar + 과거분사

닫혀 있다.	박물관은	
지어졌다.	집이	
튀겨졌다.	생선이	(현재)
닫혀 있다.	박물관들은	(지금)
지어졌다.	집들이	
튀겨졌다.	생선들이	

El museo		cerrado	
La casa	**está**	hecha	
El pescado		frito	**ahora.**
Los museos		cerrados	
Las casas	**están**	hechas	
Los pescados		fritos	

■ 스페인어의 과거분사(형용사)는 명사의 성·수에 일치시킨다.

성·수	남성	여성
단수	cerrado	cerrada
복수	cerrados	cerradas

27

003

~이다, ~있다

12월 1일	**이다.**
마드리드로부터 10km 거리에	
스페인 남부에	
한국 동쪽에	**있다.**
반도의 북쪽에	
나라의 서쪽에	

Estamos a + 요일(날짜·거리)

Estamos a	primero de diciembre.
	10 km de Madrid.
Estamos al	Sur de España.
	Este de Corea.
	Norte de la península.
	Oeste del país.

Estamos a + 요일(날짜·거리)

이다.	12월 1일
	마드리드로부터 10km 거리에
	스페인 남부에
있다.	한국 동쪽에
	반도의 북쪽에
	나라의 서쪽에

	primero de diciembre.
Estamos a	10 km de Madrid.
	Sur de España.
	Este de Corea.
Estamos al	Norte de la península.
	Oeste del país.

■ 전치사 'a'와 정관사 'el'이 함께 사용되면 'al'로 축약된다.

막 ~하려던 참이다

난		집에 도착하려던
넌		나가려던
폭탄이	막	터지려던
우리는		이륙하려던
너희는		헤어지려던
비행기들이		착륙하려던

참이었어.

estar a punto de~

(Yo)	Estaba a punto de	llegar a casa.
(Tú)	Estabas a punto de	salir.
La bomba	estaba a punto de	estallar.
(Nosotros)	Estábamos a punto de	despegar.
(Vosotros)	Estabais a punto de	despediros.
Los aviones	estaban a punto de	aterrizar.

estar a punto de~

난	집에 도착하려던		
넌	나가려던		
폭탄이	터지려던		
우리는	이륙하려던		
너희는	헤어지려던		
비행기들이	착륙하려던		

막 ... 참이었어.

(Yo)	**Estaba a punto de**	llegar a casa.
(Tú)	**Estabas a punto de**	salir.
La bomba	**estaba a punto de**	estallar.
(Nosotros)	**Estábamos a punto de**	despegar.
(Vosotros)	**Estabais a punto de**	despediros.
Los aviones	**estaban a punto de**	aterrizar.

■ 직설법 불완료과거(Pretérito Imperfecto)
  스페인어의 과거 시제는 불완료과거와 단순과거로 나뉜다. 불완료 과거는 과거의 습관적 행동, 진
  행 중이었던 행위, 시간, 날씨, 나이, 외모, 감정, 환경 묘사 등에 사용한다.
■ 직설법 불완료과거 규칙 동사 변화
  1군 동사 -ar : -aba, -abas, -aba, -ábamos, -abais, -aban
  2군 동사 -er : -ía, -ías, -ía, -íamos, -íais, -ían
  3군 동사 -ir : -ía, -ías, -ía, -íamos, -íais, -ían

임시로 ~일을 하다

난(여자)		요리사
넌(남자)		우유 배달원
내 동생은		미장
우리(모두 남자)는	임시로	청소부
너희(모두 여자)는		보모
학생들은		계산원

일을 한다.

estar de + 직업

(Yo)	Estoy de	cocinera.
(Tú)	Estás de	repartidor de leche.
Mi hermano	está de	albañil.
(Nosotros)	Estamos de	barrenderos.
(Vosotras)	Estáis de	niñeras.
Los estudiantes	están de	cajeros.

37

005

estar de + 직업

난(여자)		요리사	
넌(남자)		우유 배달원	
내 동생은		미장	
우리(모두 남자)는	임시로	청소부	일을 한다.
너희(모두 여자)는		보모	
학생들은		계산원	

(Yo)	**Estoy de**	cocinera.
(Tú)	**Estás de**	repartidor de leche.
Mi hermano	**está de**	albañil.
(Nosotros)	**Estamos de**	barrenderos.
(Vosotras)	**Estáis de**	niñeras.
Los estudiantes	**están de**	cajeros.

006

~에 동의하다

난 당신 말에

넌 내 말에

그 남자는 너의 말에

동의한다.

우리는 너희 말에

너희는 우리 말에

그들은 부모님 말씀에

estar de acuerdo con~

(Yo)	Estoy de acuerdo con	Ud.
(Tú)	Estás de acuerdo conmigo.	
Él	está de acuerdo contigo.	
(Nosotros)	Estamos de acuerdo con	vosotros.
(Vosotros)	Estáis de acuerdo con	nosotros.
Ellos	están de acuerdo con	sus padres.

estar de acuerdo con~

	난 당신 말에
	넌 내 말에
	그 남자는 너의 말에
동의한다.	우리는 너희 말에
	너희는 우리 말에
	그들은 부모님 말씀에

(Yo)	**Estoy de acuerdo con**	Ud.
(Tú)	**Estás de acuerdo conmigo.**	
Él	**está de acuerdo contigo.**	
(Nosotros)	**Estamos de acuerdo con**	vosotros.
(Vosotros)	**Estáis de acuerdo con**	nosotros.
Ellos	**están de acuerdo con**	sus padres.

■ 1, 2인칭대명사는 전치사 'con'과 결합할 때, 전치격 'conmigo, contigo'로 변한다.

007

~에 반대하다

난 전쟁에

넌 마약에

당신은 파업에

우리는 독재에   반대한다.

너희는 부패에

당신들은 차별에

estar en contra de~

(Yo)	Estoy en contra de	la guerra.
(Tú)	Estás en contra de	la droga.
Usted	está en contra de	la huelga.
(Nosotros)	Estamos en contra de	la dictadura.
(Vosotros)	Estáis en contra de	la corrupción.
Ustedes	están en contra de	la discriminación.

estar en contra de~

	난 전쟁에
	넌 마약에
반대한다.	당신은 파업에
	우리는 독재에
	너희는 부패에
	당신들은 차별에

46

(Yo)	**Estoy en contra de**	la guerra.
(Tú)	**Estás en contra de**	la droga.
Usted	**está en contra de**	la huelga.
(Nosotros)	**Estamos en contra de**	la dictadura.
(Vosotros)	**Estáis en contra de**	la corrupción.
Ustedes	**están en contra de**	la discriminación.

47

008

~하려고 한다(결정했다), 아직 ~하지 않고 있다

난 외식하러 나가려

넌 편지를 쓰려 **고 한다.**

우리 부모님께서 별거하시려

최고의 순간은 **아직** 오지

미래는 **아직** 쓰이지 **않았다.**

침대가 **아직** 정리되지

estar por + 동사원형

(Yo)	Estoy por	salir a comer.
(Tú)	Estás por	escribir una carta.
Mis padres	están por	separarse.
El mejor momento	está por	llegar.
El futuro	está por	escribir.
Las camas	están por	hacer.

estar por + 동사원형

	난 외식하러 나가려
고 한다.	넌 편지를 쓰려
	우리 부모님께서 별거하시려

	최고의 순간은 **아직** 오지
않았다.	미래는 **아직** 쓰이지
	침대가 **아직** 정리되지

50

(Yo)	**Estoy por**	salir a comer.
(Tú)	**Estás por**	escribir una carta.
Mis padres	**están por**	separarse.
El mejor momento	**está por**	llegar.
El futuro	**está por**	escribir.
Las camas	**están por**	hacer.

51

∩∩9

～할 기분이 아니다

난 농담할

넌 일할

요리할

우리는 산책할

너희는 외출할

춤추고 싶은

기분이 아니다.

No estar para~

No estoy para	bromas.
No estás para	trabajar.
No está para	cocinar.
No estamos para	dar un paseo.
No estáis para	salir.
No están para	bailar.

009

No estar para~

기분이 아니다.

난 농담할

넌 일할

요리할

우리는 산책할

너희는 외출할

춤추고 싶은

No estoy para   bromas.

No estás para   trabajar.

No está para   cocinar.

No estamos para   dar un paseo.

No estáis para   salir.

No están para   bailar.

010

~에 익숙하다

걷는 데

늦게 잠자리에 드는 데

힘들게 일하는 데

소음에

추위에

그 남자에

익숙하다.

estar acostumbrado/a(s) a~

Estoy acostumbrado a	andar.
Estás acostumbrada a	acostarte tarde.
Está acostumbrado a	trabajar duro.
Estamos acostumbradas al	ruido.
Estáis acostumbradas al	frío.
Están acostumbrados a	él.

010

estar acostumbrado/a(s) a~

익숙하다.

걷는 데

늦게 잠자리에 드는 데

힘들게 일하는 데

소음에

추위에

그 남자에

Estoy acostumbrado a　　　andar.

Estás acostumbrada a　　　acostarte tarde.

Está acostumbrado a　　　trabajar duro.

Estamos acostumbradas al　ruido.

Estáis acostumbradas al　　frío.

Están acostumbrados a　　　él.

~때문에 안달이 나다

난(남자) 너를 알고 싶어

넌(여자) 시합을 이기고 싶어

마리오는 결과 때문에

우리는 네 회신에

너희는(모두 여자) 반지 때문에

당신들은 혼자 남겨질까봐

안달이 났다.

estar ansioso/a(s) por~

(Yo)	Estoy ansioso por	conocerte.
(Tú)	Estás ansiosa por	ganar el partido.
Mario	está ansioso por	el resultado.
(Nosotros)	Estamos ansiosos por	tu respuesta.
(Vosotras)	Estáis ansiosas por	el anillo.
Uds.	están ansiosos por	quedarse en casa.

estar ansioso/a(s) por~

안달이 났다.

난(남자) 너를 알고 싶어

넌(여자) 시합을 이기고 싶어

마리오는 결과 때문에

우리는 네 회신에

너희는(모두 여자) 반지 때문에

당신들은 혼자 남겨질까봐

(Yo)	**Estoy ansioso por**	conocerte.
(Tú)	**Estás ansiosa por**	ganar el partido.
Mario	**está ansioso por**	el resultado.
(Nosotros)	**Estamos ansiosos por**	tu respuesta.
(Vosotras)	**Estáis ansiosas por**	el anillo.
Uds.	**están ansiosos por**	quedarse en casa.

012

~에 대해 만족하다

난(남자) 내 일에

넌(여자) 결과에

셀리아는 새 집에

우리는 너와 함께 있다는 데

너희는(모두 여자) 수상에

여러분들은 경기에 이겨서

만족한다.

estar contento/a(s) con/por~

(Yo)	Estoy contento con	mi trabajo.
(Tú)	Estás contenta con	el resultado.
Celia	está contenta con	la nueva casa.
(Nosotros)	Estamos contentos por	estar aquí contigo.
(Vosotras)	Estáis contentas por	el premio.
Uds.	están contentos por	ganar el partido.

012

estar contento/a(s) con/por~

만족한다.	난(남자) 내 일에
	넌(여자) 결과에
	셀리아는 새 집에
	우리는 너와 함께 있다는 데
	너희는(모두 여자) 수상에
	여러분들은 경기에 이겨서

(Yo)	**Estoy contento con**	mi trabajo.
(Tú)	**Estás contenta con**	el resultado.
Celia	**está contenta con**	la nueva casa.
(Nosotros)	**Estamos contentos por**	estar aquí contigo.
(Vosotras)	**Estáis contentas por**	el premio.
Uds.	**están contentos por**	ganar el partido.

~에 실망했다

난(남자) 내 자신

넌(여자) 너 자신

그 남자는 자기 자신

우리는 너희

너희는 우리

여러분들은 여러분 자신

에(게) 실망했다.

estar decepcionado/a(s) de~

(Yo)	Estoy decepcionado de	mí mismo.
(Tú)	Estás decepcionada de	ti misma.
Él	está decepcionado de	sí mismo.
(Nosotros)	Estamos decepcionados de	vosotros.
(Vosotros)	Estáis decepcionados de	nosotras.
Ustedes	están decepcionados de	sí mismos.

013

estar decepcionado/a(s) de~

에(게) 실망했다.

난(남자) 내 자신

넌(여자) 너 자신

그 남자는 자기 자신

우리는 너희

너희는 우리

여러분들은 여러분 자신

70

(Yo)	**Estoy decepcionado de**	mí mismo.
(Tú)	**Estás decepcionada de**	ti misma.
Él	**está decepcionado de**	sí mismo.
(Nosotros)	**Estamos decepcionados de**	vosotros.
(Vosotros)	**Estáis decepcionados de**	nosotras.
Ustedes	**están decepcionados de**	sí mismos.

71

014

~할 용의가 있다

난(남자) 참을

넌(여자) 싸울

그 남자는 투쟁할

우리는(모두 여자) 화해할   **용의가 있다.**

너희는(모두 여자) 헬스장에 갈

당신들은(모두 여자) 나를 도와줄

estar dispuesto/a(s) a~

(Yo)	Estoy dispuesto a	aguantar.
(Tú)	Estás dispuesta a	pelear.
Él	está dispuesto a	luchar.
(Nosotras)	Estamos dispuestas a	conciliar.
(Vosotras)	Estáis dispuestas a	ir al gimnasio.
Ustedes	están dispuestas a	ayudarme.

014.

estar dispuesto/a(s) a~

	난(남자) 참을
	넌(여자) 싸울
	그 남자는 테러에 맞설
용의가 있다.	우리는(모두 여자) 화해할
	너희는(모두 여자) 헬스장에 갈
	당신들은(모두 여자) 나를 도와줄

(Yo)	**Estoy dispuesto a**	aguantar.
(Tú)	**Estás dispuesta a**	pelear.
Él	**está dispuesto a**	luchar.
(Nosotras)	**Estamos dispuestas a**	conciliar.
(Vosotras)	**Estáis dispuestas a**	ir al gimnasio.
Ustedes	**están dispuestas a**	ayudarme.

015

~하는 게 지루하다(지겹다)

난(남자) 네가	
넌(여자) 운동하는 게	
라울은 일이	
라울과 난 싸움이	**지겹다.**
라우라와 넌(여자) 일상생활이	
그들은 같은 물건이	

estar harto/a(s) de~

(Yo)	Estoy harto de	ti.
(Tú)	Estás harta de	hacer deporte.
Raúl	está harto de	su trabajo.
Raúl y yo	estamos hartos de	la pelea.
Laura y tú	estáis hartas de	la vida cotidiana.
Ellos	están hartos de	la misma cosa.

015

estar harto/a(s) de~

난(남자) 네가

넌(여자) 운동하는 게

라울은 일이

지겹다.　라울과 난 싸움이

라우라와 넌(여자) 일상생활이

그들은 같은 걸 반복하는 게

(Yo)	**Estoy harto de**	ti.
(Tú)	**Estás harta de**	hacer deporte.
Raúl	**está harto de**	su trabajo.
Raúl y yo	**estamos hartos de**	la pelea.
Laura y tú	**estáis hartas de**	la vida cotidiana.
Ellos	**están hartos de**	la misma cosa.

016

~에 관심이(흥미가) 있다

난(남자) 스포츠에	
넌(여자) 언어를 배우는 데	
내 고객(남자)은 이 상품에	**관심이 있다.**
우리들은(모두 여자) 화장하는 데	**흥미가 있다.**
너희는(모두 남자) 나에게	
그 여자들은 음악 감상에	

estar interesado/a(s) en~

(Yo)	Estoy interesado en	el deporte.
(Tú)	Estás interesada en	aprender idiomas.
Mi cliente	está interesado en	este producto.
(Nosotras)	Estamos interesadas en	maquillarnos.
(Vosotros)	Estáis interesados en	mí.
Ellas	están interesadas en	escuchar música.

016

estar interesado/a(s) en~

	난(남자) 스포츠에
	넌(여자) 언어를 배우는 데
관심이 있다.	내 고객(남자)은 이 상품에
흥미가 있다.	우리들은(모두 여자) 화장하는 데
	너희는(모두 남자) 나에게
	그 여자들은 음악 감상에

(Yo)	**Estoy interesado en**	el deporte.
(Tú)	**Estás interesada en**	aprender idiomas.
Mi cliente	**está interesado en**	este producto.
(Nosotras)	**Estamos interesadas en**	maquillarnos.
(Vosotros)	**Estáis interesados en**	mí.
Ellas	**están interesadas en**	escuchar música.

017

~할 준비가 되다

난(남자) 면접

넌(여자) 자기소개할

교수님은 산에 갈

우리는(모두 여자) 사진 찍을

너희는(모두 여자) 외출할

당신들은 결혼할

준비가 되었다.

estar listo/a(s) para~

(Yo)	Estoy listo para	la entrevista.
(Tú)	Estás lista para	presentarte.
El profesor	está listo para	ir a la montaña.
(Nosotras)	Estamos listas para	sacar fotos.
(Vosotras)	Estáis listas para	salir.
Ustedes	están listos para	casarse.

estar listo/a(s) para~

	난(남자) 면접
	넌(여자) 보고서를 제출할
	교수님은 산에 갈
준비가 되었다.	우리는(모두 여자) 사진 찍을
	너희는(모두 여자) 외출할
	당신들은 결혼할

(Yo)	**Estoy listo para**	la entrevista.
(Tú)	**Estás lista para**	presentarte.
El profesor	**está listo para**	ir a la montaña.
(Nosotras)	**Estamos listas para**	sacar fotos.
(Vosotras)	**Estáis listas para**	salir.
Ustedes	**están listos para**	casarse.

~하느라 바빴다

프로젝트를 끝내느라

음식을 준비하느라

파티를 조직하느라

바빴다.

학생들 가르치느라

집 정리 하느라

부모님을 돕느라

estar ocupado/a(s) en~

Estaba ocupado en	terminar el proyecto.
Estabas ocupada en	preparar la comida.
Estaba ocupado en	organizar la fiesta.
Estábamos ocupadas en	enseñar a los estudiantes.
Estabais ocupados en	arreglar la casa.
Estaban ocupados en	ayudar a sus padres.

018

estar ocupado/a(s) en~

프로젝트를 끝내느라

음식을 준비하느라

파티를 조직하느라

바빴다.

학생들 가르치느라

집 정리 하느라

부모님을 돕느라

Estaba ocupado en terminar el proyecto.

Estabas ocupada en preparar la comida.

Estaba ocupado en organizar la fiesta.

Estábamos ocupadas en enseñar a los estudiantes.

Estabais ocupados en arreglar la casa.

Estaban ocupados en ayudar a sus padres.

019

~때문에 걱정이다, ~으로 걱정된다

난(남자) 상황

넌(여자) 건강

그 여자는 아이들

우리는(모두 여자) 폭력

너희는(모두 여자) 돈

당신들은 그녀

때문에 걱정이다.

estar preocupado/a(s) por~

(Yo)	Estoy preocupado por	la situación.
(Tú)	Estás preocupada por	la salud.
Ella	está preocupada por	sus hijos.
(Nosotras)	Estamos preocupadas por	la violación.
(Vosotras)	Estáis preocupadas por	el dinero.
Uds.	están preocupados por	ella.

019

estar preocupado/a(s) por~

때문에 걱정이다.	난(남자) 상황
	년(여자) 건강
	그 여자는 아이들
	우리는(모두 여자) 폭력
	너희는(모두 여자) 돈
	당신들은 그녀

(Yo)	**Estoy preocupado por**	la situación.
(Tú)	**Estás preocupada por**	la salud.
Ella	**está preocupada por**	sus hijos.
(Nosotras)	**Estamos preocupadas por**	la violación.
(Vosotras)	**Estáis preocupadas por**	el dinero.
Uds.	**están preocupados por**	ella.

~에 대해 확신하다

그가 틀렸다고

그녀가 거기에 없을 거라고

기차가 늦게 도착할 거라고

그가 선출될 거라고

내일 날씨가 좋을 거라고

은행이 근처에 있다고

확신해.

estar seguro/a(s) de que
(주어) + 동사(직설법)

Estoy seguro de que	él está equivocado.
Estás segura de que	no estará ella ahí.
Está seguro de que	llegará tarde el tren.
Estamos seguros de que	él va a ser elegido.
Estáis seguras de que	hará buen tiempo mañana.
Están seguras de que	el banco está cerca.

020

estar seguro/a(s) de que
(주어) + 동사(직설법)

확신해.

그가 틀렸다고

그녀가 거기에 없을 거라고

기차가 늦게 도착할 거라고

그가 선출될 거라고

내일 날씨가 좋을 거라고

은행이 근처에 있다고

Estoy seguro de que	él está equivocado.
Estás segura de que	no estará ella ahí.
Está seguro de que	llegará tarde el tren.
Estamos seguros de que	él va a ser elegido.
Estáis seguras de que	hará buen tiempo mañana.
Están seguras de que	el banco está cerca.

비 교 표 현 과

결 합 하 는

패 턴

~보다 더 ~하다

난(남자) 너		크다.
난(남자) 당신		영리하다.
난(남자) 내 여자친구		작다.
난(남자) 내 형	**보다 더**	정직하다.
난(남자) 너희		성실하다.
난(남자) 부모님		보수적이다.

más que

Soy	más		que	
		alto		tú.
		inteligente		Ud.
		bajo		mi novia.
		honesto		mi hermano.
		diligente		vosotros.
		conservador		mis padres.

más que

난(남자) 너		크다.
난(남자) 당신		영리하다.
난(남자) 내 여자친구		작다.
난(남자) 내 형	보다 더	정직하다.
난(남자) 너희		성실하다.
난(남자) 부모님		보수적이다.

		alto		tú.
		inteligente		Ud.
		bajo		mi novia.
Soy	**más**	honesto	**que**	mi hermano.
		diligente		vosotros.
		conservador		mis padres.

- 'bueno'의 우등비교는 'más bueno'가 아니라 'mejor'이다.
  예) (×) Este es más bueno que aquel.
  (○) Este es mejor que aquel.(이것은 저것보다 더 좋다.)
- 'malo'의 우등비교는 'más malo'가 아니라 'peor'이다.
  예) (×) Este es más malo que aquel.
  (○) Este es peor que aquel.(이것은 저것보다 더 나쁘다)

022

B만큼 A하다

이것은 내 것		시끄러워.
그것은 네 것		좋아.
저것은 그의 것		비싸다.
이것들은 우리들의 것	만큼	지루해.
그것들은 너희들의 것		부드러워.
저것들은 그들의 것		인상적이야.

tan A como B

Esto es		ruidoso		el mío.
Eso es		bueno		el tuyo.
Aquello es		caro		el suyo.
Estos son	tan	aburridos	como	los nuestros.
Esos son		suaves		los vuestros.
Aquellos son		rápidos		los suyos.

tan A como B

이것은 내 것		시끄러워.
그것은 네 것		좋아.
저것은 그의 것		비싸다.
이것들은 우리들의 것	만큼	지루해.
그것들은 너희들의 것		부드러워.
저것들은 그들의 것		인상적이야.

Esto es		ruidoso		el mío.
Eso es		bueno		el tuyo.
Aquello es		caro		el suyo.
Estos son	**tan**	aburridos	**como**	los nuestros.
Esos son		suaves		los vuestros.
Aquellos son		rápidos		los suyos.

■ 소유대명사는 '정관사 + 후치격 소유대명사'이며, 성·수 변화를 한다.

el mío, la mía, los míos, las mías	내 것
el tuyo, la tuya, los tuyos, las tuyas	네 것
el suyo, la suya, los suyos, las suyas	그의 것, 그녀의 것, 당신의 것
el nuestro, la nuestra, los nuestros, las nuestras	우리들의 것
el vuestro, la vuestra, los vuestros, las vuestras	너희들의 것
el suyo, la suya, los suyos, las suyas	그들의 것, 그녀들의 것, 당신들의 것

023

~보다 덜 ~하다

꿀		달콤해.
오렌지		시어.
소금	**보다 덜**	짜.
고추장		매워.
에스프레소		써.
저 스프		뜨거워.

menos que

		dulce		la miel.
		ácido		la naranja.
Es	menos	salado	que	la sal.
		picante		la pasta de chile.
		amargo		un espresso.
		caliente		aquella sopa.

023

menos que

	보다 덜	
꿀		달콤해.
오렌지		시어.
소금		짜.
고추장		매워.
에스프레소		써.
저 스프		뜨거워.

Es	menos	dulce	que	la miel.
		ácido		la naranja.
		salado		la sal.
		picante		la pasta de chile.
		amargo		un espresso.
		caliente		aquella sopa.

내가 본 중 가장 ~하다

넌(남자)		키가 커.
내 여동생은		예뻐.
내 형은		똑똑해.
우리는	내가 본 중 가장	젊어.
너희는(모두 여자)		까다로워.
그의 영화들은		재미있어.

el, la, los, las + más

(Tú) Eres	el más	alto	
Mi hermana es	la más	bonita	
Mi hermano es	el más	inteligente	
Nosotros somos	los más	jóvenes	que he visto.
Vosotras sois	las más	exigentes	
Sus películas son	las más	interesantes	

024

el, la, los, las + más

넌(남자)		키가 커.
내 여동생은		예뻐.
내 형은		똑똑해.
우리는	**내가 본 중 가장**	젊어.
너희는(모두 여자)		까다로워.
그의 영화들은		재미있어.

(Tú) Eres	**el más**	alto	
Mi hermana es	**la más**	bonita	
Mi hermano es	**el más**	inteligente	
Nosotros somos	**los más**	jóvenes	**que he visto.**
Vosotras sois	**las más**	exigentes	
Sus películas son	**las más**	interesantes	

■ 최상급은 우등비교 'más' 앞에 정관사(el, la, los, las)를 붙인다.

117

025

최고로 ~하다

그 여자 모델은		아름답다.
그 남자 모델은		못생겼다.
이 스프는		맛있다.
그 아이는	최고로	착하다.
그녀의 남편은		악하다.
그 마녀는		잔인하다.

ísimo/a(s)

La modelo es guapísima.

El modelo es feísimo.

La sopa es riquísima.

El chico es bonísimo.

Su marido es pésimo.

La bruja es crudelísima.

025

ísimo/a(s)

그 여자 모델은		아름답다.
그 남자 모델은		못생겼다.
이 스프는		맛있다.
그 아이는	최고로	착하다.
그녀의 남편은		악하다.
그 마녀는		잔인하다.

La modelo	**es guapísima.**
El modelo	**es feísimo.**
La sopa	**es riquísima.**
El chico	**es bonísimo.**
Su marido	**es pésimo.**
La bruja	**es crudelísima.**

121

03

동 사 원 형 과
결 합 하 는
일 반 동 사 패 턴

026

방금 ~했다

난 방금	출산했어. 책을 팔았어. 택시를 탔어. 지하철에서 내렸어. 일을 끝마쳤어. 소파에 앉았어.

acabar de + 동사원형

	dar a luz.
	vender los libros.
	tomar un taxi.
Acabo de	bajarme del metro.
	terminar el trabajo.
	sentarme en el sofá.

acabar de + 동사원형

출산했어.

책을 팔았어.

택시를 탔어.

지하철에서 내렸어.

일을 끝마쳤어.

소파에 앉았어.

난 방금

Acabo de

dar a luz.

vender los libros.

tomar un taxi.

bajarme del metro.

terminar el trabajo.

sentarme en el sofá.

■ 직설법 현재(Presente de indicativo)의 규칙 동사 변화
 1군 동사 –ar : –o, –as, –a, –amos, –áis, –an
 2군 동사 –er : –o, –es, –e, –emos, –éis, –en
 3군 동사 –ir : –o, –es, –e, –imos, –ís, –en

027

~해야만 한다

난 공부를 해

넌 담배를 끊어

지금 당장 일을 끝내

우리는 하루에 세 끼를 먹어

너희는 메시지를 남겨

매일 운동을 해

야 해.

deber + 동사원형

Debo	estudiar.
Debes	dejar de fumar.
Debe	terminar el trabajo ahora mismo.
Debemos	comer tres veces al día.
Debéis	dejar un mensaje.
Deben	hacer ejercicio todos los días.

deber + 동사원형

	난 공부를 해
	넌 담배를 끊어
	지금 당장 일을 끝내
야 해.	우리는 하루에 세 끼를 먹어
	너희는 메시지를 남겨
	매일 운동을 해

Debo	estudiar.
Debes	dejar de fumar.
Debe	terminar el trabajo ahora mismo.
Debemos	comer tres veces al día.
Debéis	dejar un mensaje.
Deben	hacer ejercicio todos los días.

■ '의무' 표현은 'deber' 외에도 'tener que + 동사원형', 'haber de + 동사원형' 등이 있다. 이 경우 인칭에 따라 동사가 변화한다. 한편 동일한 의미이나 인칭과 무관하게 일반적인 '의무'를 표시할 경우 비인칭 형태인 'hay que + 동사원형' 표현을 사용한다.
　예) Debo estudiar.
　　　= Tengo que estudiar.
　　　= He de estudiar.
　　　= Hay que estudiar.

131

028

(아마도) ~일 것이다,
~임이 틀림없다

저 아이는 루이스의 아이일

저 여자는 한 20살 정도일

억수같이 비가 올

것이다.

무척 더울

자정일

저들은 축구하러 나갈

deber de + 동사원형

Aquel	debe de	ser el hijo de Luis.
Aquella	debe de	tener unos 20 años.
	Debe de	llover a cántaros.
	Debe de	hacer mucho calor.
	Debe de	ser la medianoche.
Aquellos	deben de	salir a jugar al fútbol.

028

deber de + 동사원형

것이다.

저 아이는 루이스의 아이일

저 여자는 한 20살 정도일

억수같이 비가 올

무척 더울

자정일

저들은 축구하러 나갈

Aquel	debe de	ser el hijo de Luis.
Aquella	debe de	tener unos 20 años.
	Debe de	llover a cántaros.
	Debe de	hacer mucho calor.
	Debe de	ser la medianoche.
Aquellos	deben de	salir a jugar al fútbol.

029

~을(를) 그만둬!

담배 좀	**그만 피워!**
불평 좀	**그만 해!**
거짓말을	**그만 해!**
내 욕 좀	**그만 해!**
코 좀	**그만 긁아!**
문 좀	**그만 두드려!**

¡Deja de + 동사원형!

¡Deja de	fumar!
	quejarte!
	mentir!
	insultarme!
	roncar!
	tocar la puerta!

029

¡Deja de + 동사원형!

그만 피워!	담배 좀
그만 해!	불평 좀
그만 해!	거짓말을
그만 해!	내 욕 좀
그만 긁어!	코 좀
그만 두드려!	문 좀

fumar!

quejarte!

mentir!

¡Deja de insultarme!

roncar!

tocar la puerta!

■ 2인칭 긍정 명령은 불규칙을 제외하고는 직설법 3인칭 동사 형태를 사용하는 한편, 부정 명령은
  접속법 2인칭 동사 형태를 사용한다.
  예) ¡Deja de fumar! / ¡No dejes de fumar!
■ 3인칭 긍정 명령과 부정 명령은 모두 접속법 3인칭 동사 형태를 사용한다.
  예) ¡Deje de fumar! / ¡No deje de fumar!

139

(갑자기) ~했다,
(갑자기) ~하기 시작했다

갑자기	울음을 터뜨렸다.
	날기 시작했다.
	떨기 시작했다.
	고래고래 소리를 질렀다.
	흐느끼기 시작했다.
	웃음을 터뜨렸다.

Se echó a + 동사원형

Se echó a	llorar.
	volar.
	temblar.
	gritar.
	sollozar.
	reír.

030

Se echó a + 동사원형

울음을 터뜨렸다.

날기 시작했다.

떨기 시작했다.

고래고래 소리를 질렀다.

흐느끼기 시작했다.

웃음을 터뜨렸다.

갑자기

Se echó a

llorar.

volar.

temblar.

gritar.

sollozar.

reír.

■ 직설법 단순과거(Pretérito simple de indicativo)
　과거의 한 시점에서 종결된 동장이나 상태를 나타낸다.
■ 직설법 단순과거 규칙 동사 변화:
　1군 동사 –ar : –é, –aste, –ó, –amos, –asteis, –aron
　2군 동사 –er : –í, –iste, –ió, –imos, –isteis, –ieron
　3군 동사 –ir : –í, –iste, –ió, –imos, –isteis, –ieron

031

~하기 시작하다

난 영어 공부를

넌 요가를

피카소는 그림 그리기를

우리는 방을 정리하기

너희는 나를 귀찮게 하기

메르체와 라켈은 나를 놀리기

시작한다.

empezar a + 동사원형

(Yo)	Empiezo a	aprender inglés.
(Tú)	Empiezas a	practicar yoga.
Picasso	empieza a	dibujar.
(Nosotros)	Empezamos a	limpiar la casa.
(Vosotros)	Empezáis a	molestarme.
Merche y Raquel	empiezan a	burlarse de mí.

031

empezar a + 동사원형

시작한다.

난 영어 공부를

넌 요가를

피카소는 그림 그리기를

우리는 방을 정리하기

너희는 나를 귀찮게 하기

메르체와 라켈은 나를 놀리기

(Yo)	**Empiezo a**	aprender inglés.
(Tú)	**Empiezas a**	practicar yoga.
Picasso	**empieza a**	dibujar.
(Nosotros)	**Empezamos a**	limpiar la casa.
(Vosotros)	**Empezáis a**	molestarme.
Merche y Raquel	**empiezan a**	burlarse de mí.

032

~하는 것이 있다(없다)

너에게 말할	게 있다.
신고할	게 조금 있다.
입을	게 많다.
잃을	게 적다(거의 없다).
먹을	게 아무 것도 없다.
할	게 많이 없다.

(No) Hay algo/nada que
+ 동사원형

Hay algo que	decirte.
Hay un poco que	declarar.
Hay mucho que	ponerme.
Hay poco que	perder.
No hay nada que	comer.
No hay mucho que	hacer.

149

032

(No) Hay algo/nada que
+ 동사원형

너에게 말할	게 있다.
신고할	게 조금 있다.
입을	게 많다.
잃을	게 적다(거의 없다).
먹을	게 아무 것도 없다.
할	게 많이 없다.

Hay algo que	decirte.
Hay un poco que	declarar.
Hay mucho que	ponerme.
Hay poco que	perder.
No hay nada que	comer.
No hay mucho que	hacer.

■ 동일한 의미로 인칭 표현을 하기 위해서는 'hay' 대신에 동사 'tener'를 사용한다.
예) Tengo mucho que hacer.(나는 할 일이 많다)
   No tengo nada que comer.(나는 먹을 것을 하나도 갖고 있지 않다)

151

033

~할 필요가 없다

울

겁낼

걱정할

네 말을 들을   **필요가 없다.**

소리 지를

복종할

No hay por qué + 동사원형

No hay por qué	llorar.
	temer.
	preocuparse.
	escucharte.
	gritar.
	obedecer.

033

No hay por qué + 동사원형

필요가 없다.

> 울
>
> 겁낼
>
> 걱정할
>
> 네 말을 들을
>
> 소리 지를
>
> 복종할

No hay por qué

llorar.

temer.

preocuparse.

escucharte.

gritar.

obedecer.

155

~할 예정이다

난 샤워할

넌 사장님과 점심 먹을

미겔이 곧 도착할

우리는 박물관을 보러 갈

예정이다.

너희는 편지를 보낼

보라와 민주는 남미를 여행할

ir a + 동사원형

(Yo)	Voy a	ducharme.
(Tú)	Vas a	almorzar con tu jefe.
Miguel	va a	llegar pronto.
(Nosotros)	Vamos a	visitar al Museo.
(Vosotros)	Vais a	enviar una carta.
Bora y Minju	van a	viajar por América Latina.

ir a + 동사원형

난 샤워할

넌 사장님과 점심 먹을

미겔이 곧 도착할

예정이다.   우리는 박물관을 보러 갈

너희는 편지를 보낼

보라와 민주는 남미를 여행할

(Yo)	**Voy a**	ducharme.
(Tú)	**Vas a**	almorzar con tu jefe.
Miguel	**va a**	llegar pronto.
(Nosotros)	**Vamos a**	visitar al Museo.
(Vosotros)	**Vais a**	enviar una carta.
Bora y Minju	**van a**	viajar por América Latina.

035

~할 수 있을까요?

(제가)	김 교수님과 면담을	할 수 있을까요?
	당신 사무실을 방문	
	전화번호를 요청할	
	펜을 좀 빌려서 사용	
	정보를 요청	
	모임에 참가	

¿Podría + 동사원형?

¿Podría

hablar con el profesor Kim?

visitarlo en su oficina?

pedirle el número de su teléfono?

prestarme su pluma?

solicitar la información?

participar en la reunión?

035

¿Podría + 동사원형?

(제가)

김 교수님과 면담을

당신 사무실을 방문

전화번호를 요청할

펜을 좀 빌려서 사용

정보를 요청

모임에 참가

할 수 있을까요?

¿Podría

hablar con el profesor Kim?

visitarlo en su oficina?

pedirle el número de su teléfono?

prestarme su pluma?

solicitar la información?

participar en la reunión?

■ 가정미래(Condicional)
　과거의 미래, 과거의 추측, 공손한 표현에 사용한다.
■ 가정미래 규칙 동사 변화
　동사원형 + -ía, -ías, -ía, -íamos, -íais, -ían

~할 줄 알아?

(너)	기타 칠	줄 알아?
	스페인어 말할	
	수영할	
	뜨개질할	
	골프 칠	
	자전거를 탈	

¿Sabes + 동사원형?

¿Sabes
tocar la guitarra?

hablar español?

nadar?

hacer punto de cruz?

jugar al golf?

montar en bicicleta?

036

¿Sabes + 동사원형?

기타 칠

스페인어 말할

수영할

(너)   줄 알아?

뜨개질할

골프 칠

자전거를 탈

¿Sabes

tocar la guitarra?

hablar español?

nadar?

hacer punto de cruz?

jugar al golf?

montar en bicicleta?

037

~하곤 했다

동틀 때까지 와인을 마시	
매니큐어를 칠하고 다니	
프렌치 코트를 입고 다니	**곤 했다.**
큰 소리로 노래를 부르	
수업을 빼먹	
늦게까지 야근을 하	

Solía + 동사원형

Solía

tomar vino hasta amanecer.

mantener las uñas pintadas.

llevar una gabardina.

cantar en voz alta.

faltar a clase.

trabajar hasta muy tarde.

037

Solía + 동사원형

동틀 때까지 와인을 마시

매니큐어를 칠하고 다니

프렌치 코트를 입고 다니

곤 했다.

큰 소리로 노래를 부르

수업을 빼먹

늦게까지 야근을 하

Solía

tomar vino hasta amanecer.

mantener las uñas pintadas.

llevar una gabardina.

cantar en voz alta.

faltar a clase.

trabajar hasta muy tarde.

038

～하는데 (시간이) ～걸리다

집에 도착하는 데 30분

돈을 모으는 데 많은 시간이

받아쓰기를 수정하는 데 시간이 조금

이 책을 읽는 데 너무 많은 시간이

그 이론을 이해하는 데 1분도 안

복습하는 데 시간이 아주 조금

걸린다.

tardar + 시간 + en + 동사원형

Tarda		en	
	media hora		llegar a casa.
	mucho tiempo		ahorrar dinero.
	un poco		corregir el dictado.
	mucho tiempo		leer este libro.
	ni un minuto		entender la teoría.
	muy poco tiempo		revisar.

173

038

tardar + 시간 + en + 동사원형

집에 도착하는 데 30분

돈을 모으는 데 많은 시간이

받아쓰기를 수정하는 데 시간이 조금

걸린다.

이 책을 읽는 데 너무 많은 시간이

그 이론을 이해하는 데 1분도 안

복습하는 데 시간이 아주 조금

Tarda	media hora	**en**	llegar a casa.
	mucho tiempo		ahorrar dinero.
	un poco		corregir el dictado.
	mucho tiempo		leer este libro.
	ni un minuto		entender la teoría.
	muy poco tiempo		revisar.

~하려고 애쓰다

난 범인을 알아내려고

넌 다이어트 하려고

그 축구선수는 라이벌을 이기려고

우리는 가난한 사람을 도와주려고

너희는 서류들을 정리하려고

이웃주민들은 서로 화해하려고

애쓴다.

tratar de + 동사원형

(Yo)	Trato de	descubrir al culpable.
(Tú)	Tratas de	hacer dieta.
Ese futbolista	trata de	vencer a su rival.
(Nosotros)	Tratamos de	ayudar a los pobres.
(Vosotros)	Tratáis de	arreglar los papeles.
Los vecinos	tratan de	reconciliarse.

tratar de + 동사원형

난 범인을 알아내려고

넌 다이어트 하려고

그 축구선수는 라이벌을 이기려고

애쓴다.   우리는 가난한 사람을 도와주려고

너희는 서류들을 정리하려고

이웃주민들은 서로 화해하려고

(Yo)	**Trato de**	descubrir al culpable.
(Tú)	**Tratas de**	hacer dieta.
Ese futbolista	**trata de**	vencer a su rival.
(Nosotros)	**Tratamos de**	ayudar a los pobres.
(Vosotros)	**Tratáis de**	arreglar los papeles.
Los vecinos	**tratan de**	reconciliarse.

179

~하러 가자!

춤추러	
스케이트 타러	
수영하러	가자.
쇼핑하러	
일광욕하러	
스키 타러	

¡Vamos a + 동사원형!

¡Vamos a	bailar!
	patinar!
	nadar!
	ir de compras!
	tomar el sol!
	esquiar!

¡Vamos a + 동사원형!

가자.

춤추러

스케이트 타러

수영하러

쇼핑하러

일광욕하러

스키 타러

¡Vamos a

bailar!

patinar!

nadar!

ir de compras!

tomar el sol!

esquiar!

183

~하러 와!

나를 찾으러

춤추러

노래하러

수혈하러   **와.**

여름을 즐기러

우리 집에 놀러

¡Ven a + 동사원형!

¡Ven a	buscarme!
	bailar!
	cantar!
	donar sangre!
	disfrutar del verano!
	jugar a mi casa!

¡Ven a + 동사원형!

와.

나를 찾으러

춤추러

노래하러

수혈하러

여름을 즐기러

우리 집에 놀러

¡Ven a

buscarme!

bailar!

cantar!

donar sangre!

disfrutar del verano!

jugar a mi casa!

042

다시 ~하다

난		일한다.
넌		다이어트 한다.
물가가		오른다.
우리는	다시	제로에서 시작한다.
너희는		실수한다.
아이들이		논다.

volver a + 동사원형

(Yo)	Vuelvo a	trabajar.
(Tú)	Vuelves a	ponerte a dieta.
El precio	vuelve a	subir.
(Nosotros)	Volvemos a	comenzar desde cero.
(Vosotros)	Volvéis a	equivocaros.
Los niños	vuelven a	jugar.

042

volver a + 동사원형

난		일한다.
넌		다이어트 한다.
물가가		오른다.
우리는	다시	제로에서 시작한다.
너희는		실수한다.
아이들이		논다.

(Yo)	**Vuelvo a**	trabajar.
(Tú)	**Vuelves a**	ponerte a dieta.
El precio	**vuelve a**	subir.
(Nosotros)	**Volvemos a**	comenzar desde cero.
(Vosotros)	**Volvéis a**	equivocaros.
Los niños	**vuelven a**	jugar.

현 재 분 사 와

결 합 하 는

동 사 패 턴

043

~하고 다니다

네 친구가 내 욕을 하

중얼거리

맥주를 마시

껌을 씹

노래를 흥얼거리

길거리에 침을 뱉

고 다닌다.

andar + 현재분사

		hablando mal de mí.
		murmurando.
		bebiendo cerveza.
Tu amiga	anda	masticando chicle.
		tarareando una canción.
		escupiendo en la calle.

043

andar + 현재분사

고 다닌다.

네 친구가 내 욕을 하

중얼거리

맥주를 마시

껌을 씹

노래를 흥얼거리

길거리에 침을 뱉

Tu amiga **anda**	hablando mal de mí.
	murmurando.
	bebiendo cerveza.
	masticando chicle.
	tarareando una canción.
	escupiendo en la calle.

계속해서 ~하다

난 계속해서	샤워하고 있다.
	이를 닦고 있다.
	턱수염을 면도하고 있다.
	눈썹을 제모하고 있다.
	손을 씻고 있다.
	손톱을 칠하고 있다.

seguir + 현재분사

Sigo	duchándome.
	cepillándome los dientes.
	afeitándome la barba.
	depilándome las cejas.
	lavándome las manos.
	pintándome las uñas.

seguir + 현재분사

샤워하고 있다.

이를 닦고 있다.

턱수염을 면도하고 있다.

난 계속해서

눈썹을 제모하고 있다.

손을 씻고 있다.

손톱을 칠하고 있다.

200

duchándome.

cepillándome los dientes.

afeitándome la barba.

Sigo

depilándome las cejas.

lavándome las manos.

pintándome las uñas.

■ 행위자(주어)의 행위가 행위자 자신에게(목적어) 돌아오는 경우, 이를 '재귀동사'라 하고 목적어는 재귀대명사를 사용해야 한다.
예) Lavar (타동사) → Lavo los platos.(나는 접시를 씻는다)
　　Lavarse (재귀동사) → Me lavo la cara.(나는 내 얼굴을 씻는다)
■ 재귀대명사 + 재귀동사

인칭	단수	복수
1인칭	me lavo	nos lavamos
2인칭	te lavas	os laváis
3인칭	se lava	se lavan

045

~하며 간다

빗속에서 걸어

눈 속에서 자전거를 타고

뜨거운 태양 아래 땀 흘리며

간다.

폭풍 아래 뛰어

우박 아래 조깅하며

햇살 아래 산책하며

ir + 현재분사

Voy	andando bajo la lluvia.
	pedaleando bajo la nieve.
	sudando bajo el sol ardiente.
	corriendo bajo la tempestad.
	trotando bajo el granizo.
	paseando bajo los rayos del sol.

045

ir + 현재분사

빗속에서 걸어

눈 속에서 자전거를 타고

뜨거운 태양 아래 땀 흘리며

간다.

폭풍 아래 뛰어

우박 아래 조깅하며

햇살 아래 산책하며

Voy

andando bajo la lluvia.

pedaleando bajo la nieve.

sudando bajo el sol ardiente.

corriendo bajo la tempestad.

trotando bajo el granizo.

paseando bajo los rayos del sol.

046

~해 오고 있다

나에게 그것을 경고해

너에게 그것을 말해

그에게 그것을 말해

오고 있다.

우리에게 그것을 알려

너희에게 그것을 가르쳐

당신들에게 그것을 보고해

venir + 현재분사

Viene	advirtiéndomelo.
	contándotelo.
	diciéndoselo.
	avisándonoslo.
	enseñándooslo.
	informándoselo.

venir + 현재분사

오고 있다.

나에게 그것을 경고해

너에게 그것을 말해

그에게 그것을 말해

우리에게 그것을 알려

너희에게 그것을 가르쳐

당신들에게 그것을 보고해

Viene

advirtiéndomelo.

contándotelo.

diciéndoselo.

avisándonoslo.

enseñándooslo.

informándoselo.

~째 ~하고 있다

한 시간		너에게 편지를 쓰	
이틀		너에게 용서를 구하	
삼 주	**째**	너만 생각하고	**고 있다.**
넉 달		너와 데이트 하	
오 년		너를 기다리	
한 세기	**동안**	너를 사랑하고	

210

llevar + 시간 + 현재분사

Llevo	una hora	escribiéndote una carta.
	dos días	pidiéndote perdón.
	tres semanas	pensando en ti.
	cuatro meses	saliendo contigo.
	cinco años	esperándote.
	un siglo	queriéndote.

llevar + 시간 + 현재분사

한 시간		너에게 편지를 쓰	
이틀		너에게 용서를 구하	
삼 주	째	너만 생각하고	고 있다.
넉 달		너와 데이트 하	
오 년		너를 기다리	
한 세기	동안	너를 사랑하고	

212

	una hora	**escribiéndote una carta.**
	dos días	**pidiéndote perdón.**
	tres semanas	**pensando en ti.**
Llevo	cuatro meses	**saliendo contigo.**
	cinco años	**esperándote.**
	un siglo	**queriéndote.**

과 거 분 사 와

결 합 하 는

패 턴

048

한 번도 ~해 본 적이 없다

한 번도		본 적이 없다.
	난 담배를 피워	
	넌 숙취를 겪어	
	그 여자는 자식을 때려	
	우리는 스페인을 여행해	
	너희는 떼낄라를 마셔	
	그들은 세비체를 먹어	

nunca haber + 과거분사

Nunca he	fumado.
Nunca has	tenido resaca.
Nunca ha	golpeado a sus hijos.
Nunca hemos	viajado por España.
Nunca habéis	bebido el tequila.
Nunca han	comido el ceviche.

048

nunca haber + 과거분사

난 담배를 피워

넌 숙취를 겪어

그 여자는 자식을 때려

한 번도   우리는 스페인을 여행해   **본 적이 없다.**

너희는 떼낄라를 마셔

그들은 세비체를 먹어

Nunca he	fumado.
Nunca has	tenido resaca.
Nunca ha	golpeado a sus hijos.
Nunca hemos	viajado por España.
Nunca habéis	bebido el tequila.
Nunca han	comido el ceviche.

049

~에 의해 ~되었다

문이 바람	에 의해 닫혔다.
문이 수위	에 의해 열렸다.
문이 거인들	에 의해 부서졌다.
문이 목수	에 의해 수선되었다.
문이 선생님들	에 의해 칠해졌다.
문이 학생들	에 의해 망가졌다.

ser + 과거분사 + por

	fue cerrada por	el viento.
	fue abierta por	el portero.
La puerta	fue destruida por	los gigantes.
	fue reparada por	el carpintero.
	fue pintada por	los profesores.
	fue rota por	los estudiantes.

ser + 과거분사 + por

에 의해 닫혔다.	문이 바람
에 의해 열렸다.	문이 수위
에 의해 부서졌다.	문이 거인들
에 의해 수선되었다.	문이 목수
에 의해 칠해졌다.	문이 선생님들
에 의해 망가졌다.	문이 학생들

	fue cerrada por	el viento.
	fue abierta por	el portero.
	fue destruida por	los gigantes.
La puerta	fue reparada por	el carpintero.
	fue pintada por	los profesores.
	fue rota por	los estudiantes.

■ 스페인어의 수동태는 행위의 주체, 즉 '누구에 의해' 행위가 이루어졌는가를 명시할 때 사용한다.
   이 때 과거분사는 행위의 대상이 되는 명사의 성·수에 일치시켜야 한다.
■ 'ser + 과거분사 + por + 행위자'는 행위의 '주체'에 초점을 맞추고, 'estar +과거분사'는 행위의 결
   과인 '상태'에 초점을 맞춘다.

~을(를) 완료하다

이미 난 왕복 차표 값 지불을

이미 난 절반가량 책 저술을

이미 난 호텔 예약을

이미 난 이메일 삭제를

완료했다.

이미 난 이 프로젝트들 완성을

이미 난 모든 미션들 완수를

tener + 과거분사

Ya tengo
- pagado el billete de ida y vuelta.
- medio escrito un libro.
- reservada una habitación.
- borrados los correos electrónicos.
- acabados estos proyectos.
- cumplidas todas las misiones.

tener + 과거분사

이미 난 왕복 차표 값 지불을

이미 난 절반가량 책 저술을

이미 난 호텔 예약을

완료했다.

이미 난 모든 이메일 삭제를

이미 난 이 프로젝트들 완성을

이미 난 모든 미션들 완수를

Ya	**tengo**	pagado el billete de ida y vuelta.
		medio escrito un libro.
		reservada una habitación.
		borrados los correos electrónicos.
		acabados estos proyectos.
		cumplidas todas las misiones.

06

여 러 **품 사** 와

결 합 하 는

패 턴

~에 헌신하다, ~에 종사하다

난 언어를 가르치는 데

넌 예술

그 남자는 언론

우리는 영화

너희는 교육

그들은 수출

에 종사한다.

dedicarse a + 동사원형/직종

Me dedico a	enseñar idiomas.
Te dedicas al	arte.
Se dedica al	periodismo.
Nos dedicamos al	cine.
Os dedicáis a	la enseñanza.
Se dedican a	la exportación.

231

051

dedicarse a + 동사원형/직종

에 **종사한다.**

난 언어를 가르치는 데

넌 예술

그 남자는 언론

우리는 영화

너희는 교육

그들은 수출

Me dedico a	enseñar idiomas.
Te dedicas al	arte.
Se dedica al	periodismo.
Nos dedicamos al	cine.
Os dedicáis a	la enseñanza.
Se dedican a	la exportación.

■ 전치사를 동반하는 재귀동사
타동사로도 쓰이지만 재귀대명사 '-se'를 동반하여 자동사 역할을 하며, 목적어 앞에 항상 전치사
를 동반한다.
예) acordarse de, burlarse de 등

~와(과) 사랑에 빠지다

난 너

넌 나

그 남자는 그녀

우리는 그 아이돌

너희는 그 여가수

그들은 그 도시

와(과) 사랑에 빠졌다.

enamorarse de

Me enamoré de	ti.
Te enamoraste de	mí.
Se enamoró de	ella.
Nos enamoramos de	ese ídolo.
Os enamorasteis de	esa cantante.
Se enamoraron de	la ciudad.

235

052

enamorarse de

와(과) 사랑에 빠졌다.

난 너

넌 나

그 남자는 그녀

우리는 그 아이돌

너희는 그 여가수

그들은 그 도시

Me enamoré de	ti.
Te enamoraste de	mí.
Se enamoró de	ella.
Nos enamoramos de	ese ídolo.
Os enamorasteis de	esa cantante.
Se enamoraron de	la ciudad.

053

~하다 〈관용표현〉

난	운동을 많이	한다.
	침대를 정리	
	식탁을 준비	
	다양한 질문을	
	짐을	싼다.
	소음을	낸다.

hacer + 명사

Hago	mucho ejercicio.
	la cama.
	la mesa.
	varias preguntas.
	la maleta.
	mucho ruido.

hacer + 명사

난	운동을 많이	한다.
	침대를 정리	
	식탁을 준비	
	다양한 질문을	
	짐을	싼다.
	소음을	낸다.

Hago

mucho ejercicio.

la cama.

la mesa.

varias preguntas.

la maleta.

mucho ruido.

(날씨가) ~하다

봄에는 날씨가	**좋다.**
여름에는 날씨가	**덥다.**
가을에는 날씨가	**바람이 분다.**
겨울에는 날씨가	**춥다.**
요즘은 날씨가	**태양이 강하다.**
오늘은 날씨가	**좋지 않다.**

Hace + 날씨 표현

Hace	buen tiempo en primavera.
	calor en verano.
	viento en otoño.
	frío en invierno.
	mucho sol estos días.
	mal tiempo hoy.

243

Hace + 날씨 표현

좋다.	봄에는 날씨가
덥다.	여름에는 날씨가
바람이 분다.	가을에는 날씨가
춥다.	겨울에는 날씨가
태양이 강하다.	요즘은 날씨가
좋지 않다.	오늘은 날씨가

Hace

buen tiempo en primavera.

calor en verano.

viento en otoño.

frío en invierno.

mucho sol estos días.

mal tiempo hoy.

055

~한 지 ~되다

금연한		두 달	
너에 대해 소식을 모른		일 년	
스페인어를 공부한	지	십 년	되었다.
이곳에서 일한		십오 년	
이 집에서 산		이십 년	
세상을 돌아다닌		삼십 년	

Hace + 시간 + **que** + 동사

Hace		que	
	dos meses		no fumo.
	un año		no sé nada de ti.
	diez años		estudio español.
	quince años		trabajo aquí.
	veinte años		vivo en esta casa.
	treinta años		recorro el mundo.

055

Hace + 시간 + que + 동사

금연한		두 달		
너에 대해 소식을 모른		일 년		
스페인어를 공부한		십 년		
이곳에서 일한	지	십오 년	되었다.	
이 집에서 산		이십 년		
세상을 돌아다닌		삼십 년		

Hace		que	
	dos meses		no fumo.
	un año		no sé nada de ti.
	diez años		estudio español.
	quince años		trabajo aquí.
	veinte años		vivo en esta casa.
	treinta años		recorro el mundo.

～이(가) 되었다

난(남자) 백만장자가

넌 어른이

그 남자는 대통령이

우리는 의사가

너희는 부자가

그들은 챔피언이

되었다.

hacerse + 명사/형용사

Me hice	millonario.
Te hiciste	mayor.
Se hizo	presidente.
Nos hicimos	médicos.
Os hicisteis	ricos.
Se hicieron	campeones.

hacerse + 명사/형용사

	난(남자) 백만장자가
	넌 어른이
	그 남자는 대통령이
되었다.	우리는 의사가
	너희는 부자가
	그들은 챔피언이

Me hice	millonario.
Te hiciste	mayor.
Se hizo	presidente.
Nos hicimos	médicos.
Os hicisteis	ricos.
Se hicieron	campeones.

253

057

~하러 가다

난 쇼핑하러

넌 휴가를 보내러

그 남자는 여행하러

우리는 산책하러   갔다.

너희는 소풍

그들은 출장

ir de + 명사

(Yo)	fui de	compras.
(Tú)	fuiste de	vacaciones.
Él	fue de	viaje.
(Nosotros)	fuimos de	paseo.
(Vosotros)	fuisteis de	excursión.
Ellos	fueron de	viaje de negocios.

255

057

ir de + 명사

	난 쇼핑하러
	넌 휴가를 보내러
갔다.	그 남자는 여행하러
	우리는 산책하러
	너희는 소풍
	그들은 출장

(Yo)	**fui de**	compras.
(Tú)	**fuiste de**	vacaciones.
Él	**fue de**	viaje.
(Nosotros)	**fuimos de**	paseo.
(Vosotros)	**fuisteis de**	excursión.
Ellos	**fueron de**	viaje de negocios.

(운동경기)를 하다

난 배구를

넌 골프를

그 남자는 체스를   **했다.**

우리는 테니스를   **쳤다.**

너희는 볼링을

그들은 비디오게임을

jugar a + 운동

Jugué al	voleibol.
Jugaste al	golf.
Jugó al	ajedrez.
Jugamos al	tenis.
Jugasteis a	los bolos.
Jugaron a	los videojuegos.

058

jugar a + 운동

	난 배구를
	넌 골프를
했다.	그 남자는 체스를
쳤다.	우리는 테니스를
	너희는 볼링을
	그들은 비디오게임을

Jugué al	voleibol.
Jugaste al	golf.
Jugó al	ajedrez.
Jugamos al	tenis.
Jugasteis a	los bolos.
Jugaron a	los videojuegos.

~에 대해 깜박 잊어버렸다

책을

네 지갑을

너를 픽업하는 것을

벌금 내는 것을

불 끄는 것을

여권을 가져오는 것을

(난) 깜박 잊어버렸다.

Se me olvidó~

Se me olvidó	el libro.
	tu cartera.
	recogerte.
	pagar la multa.
	apagar la luz.
	traer mi pasaporte.

Se me olvidó~

(난) 깜박 잊어버렸다.

책을

네 지갑을

너를 픽업하는 것을

벌금 내는 것을

불 끄는 것을

여권을 가져오는 것을

Se me olvidó

el libro.

tu cartera.

recogerte.

pagar la multa.

apagar la luz.

traer mi pasaporte.

265

060

~해 보인다, ~같다

사실	
거짓말	
한 편의 꿈	같다.
한 편의 영화	
어려워	보인다.
불가능해	

Parece~

Parece	verdad.
	mentira.
	un sueño.
	una película.
	difícil.
	imposible.

060

Parece~

같다.	사실
	거짓말
	한 편의 꿈
	한 편의 영화
보인다.	어려워
	불가능해

Parece

verdad.

mentira.

un sueño.

una película.

difícil.

imposible.

~을(를) 생각하지 마라

너 슬픈 과거를	**생각하지 마라.**
나에 대해서 나쁘게	**생각하지 마.**
전 여자 친구를	**생각하지 마세요.**
우리 더 이상 그녀를	**생각하지 말자.**
너희들 나한테서 도망갈	**생각하지 마라.**
여러분 저에게서 도망칠	**생각하지 마세요.**

No pensar en/de

No pienses		en	el pasado triste.
No pienses	mal	de	mí.
No piense		en	su ex novia.
No pensemos	más	en	ella.
No penséis		en	escapar de mí.
No piensen		en	huír de mí.

061

No pensar en/de

생각하지 마라.	너 슬픈 과거를
생각하지 마.	나에 대해서 나쁘게
생각하지 마세요.	전 여자 친구를
생각하지 말자.	우리 더 이상 그녀를
생각하지 마라.	너희들 나한테서 도망갈
생각하지 마세요.	여러분 저에게서 도망칠

No pienses		**en**	el pasado triste.
No pienses	mal	**de**	mí.
No piense		**en**	su ex novia.
No pensemos	más	**en**	ella.
No penséis		**en**	escapar de mí.
No piensen		**en**	huir de mí.

062

~을 걸쳐라(입어라, 써라)

너 모자	써.
너 선글라스를	써라.
너 헬멧을	써라.
당신 장갑을	끼세요.
당신 안전벨트를	매세요.
당신 잘 차려	입으세요.

ponerse~

¡Ponte	un sombrero!
	las gafas de sol!
	el casco!
¡Póngase	los guantes!
	el cinturón!
	guapa!

275

062

ponerse~

써.	너 모자
써라.	너 선글라스를
써라.	너 헬멧을
끼세요.	당신 장갑을
매세요.	당신 안전벨트를
입으세요.	당신 잘 차려

¡Ponte	un sombrero!
	las gafas de sol!
	el casco!
¡Póngase	los guantes!
	el cinturón!
	guapa!

■ 불규칙 2인칭 긍정 명령
2인칭 긍정 명령은 직설법 3인칭 단수 형태를 취하나 'poner-pon' 'tener-ten' 'salir-sal' 등과 같은 불규칙 동사가 존재한다.

277

B보다 A를 선호하다

	보다		선호한다.
난 책 읽기		음악을 듣기를	
넌 공포 영화		코미디 영화를	
그 여자는 맥주		와인을	
우리는 밤에 외출하기		집에 있기를	
너희들은 배		사과를	
당신들은 짧은 머리		긴 머리를	

preferir A a B

Prefiero	escuchar música		leer un libro.
Prefieres	las películas comedias		las de terror.
Prefiere	el vino	a	la cerveza.
Preferimos	quedarnos en casa		salir de noche.
Preferís	las manzanas		las peras.
Prefieren	el pelo largo	al	pelo corto.

063

preferir A a B

난 책 읽기	음악을 듣기를		
넌 공포 영화	코미디 영화를		
그 여자는 맥주	와인을		
우리는 밤에 외출하기	집에 있기를		
당신들은 배	사과를		
당신들은 짧은 머리	긴 머리를		

보다 ... 선호한다.

Prefiero	escuchar música		leer un libro.
Prefieres	las películas comedias		las de terror.
Prefiere	el vino	**a**	la cerveza.
Preferimos	quedarnos en casa		salir de noche.
Prefieren	las manzanas		las peras.
Prefieren	el pelo largo	**al**	pelo corto.

281

~맛이 난다

커피	
식초	
초콜릿	맛이 난다.
바닐라	
계피	
아무	맛도 안 난다.

sabe a + 맛

	café.
	vinagre.
Sabe a	chocolate.
	vainilla.
	canela.
No sabe a	nada.

283

064

sabe a + 맛

맛이 난다.	커피
	식초
	초콜릿
	바닐라
	계피
맛도 안 난다.	아무

	café.
	vinagre.
Sabe a	chocolate.
	vainilla.
	canela.
No sabe a	nada.

065

~출신이다

난 대한민국	
넌 아르헨티나	
당신은 칠레	**출신이다.**
우리는 콜롬비아	
너희는 쿠바	
여러분은 멕시코	

ser de + 장소

Soy de	Corea del Sur.
Eres de	Argentina.
Es de	Chile.
Somos de	Colombia.
Sois de	Cuba.
Son de	México.

065

ser de + 장소

출신이다.	난 대한민국
	넌 아르헨티나
	당신은 칠레
	우리는 콜롬비아
	너희는 쿠바
	여러분은 멕시코

Soy de	Corea del Sur.
Eres de	Argentina.
Es de	Chile.
Somos de	Colombia.
Sois de	Cuba.
Son de	México.

066

~을(를) 가지다, ~하다 〈관용표현〉

(난)	목이	마르다.
	배가 무척	고프다.
	매우	덥다.
	조금	춥다.
	시간이	별로 없다.
		졸리다.

tener + 명사

	sed.
	mucha hambre.
	mucho calor.
Tengo	un poco de frío.
	poco tiempo.
	sueño.

tener + 명사

	목이	마르다.
	배가 무척	고프다.
(난)	매우	덥다.
	조금	춥다.
	시간이	별로 없다.
		졸리다.

292

Tengo

sed.

mucha hambre.

mucho calor.

un poco de frío.

poco tiempo.

sueño.

~하고 싶다

(난)	자	고 싶다.
	초콜릿을 먹	
	물을 마시	
	녹차를 마시	
	바나나 쉐이크를 먹	
	탄산음료를 마시	

tener ganas de + 동사원형

Tengo ganas de	dormir.
	comer chocolate.
	beber agua.
	tomar té verde.
	tomar licuado de banana.
	tomar gaseosa.

067

tener ganas de + 동사원형

자	
초콜릿을 먹	
물을 마시	
(난) 녹차를 마시	고 싶다.
바나나 쉐이크를 먹	
탄산음료를 마시	

Tengo ganas de

dormir.

comer chocolate.

beber agua.

tomar té verde.

tomar licuado de banana.

tomar gaseosa.

068

~할 권리가 있다

난 행복할

나를 파괴할

자살할

죽을   **권리가 있다.**

선거할

결정할

tener derecho a + 동사원형

Tengo derecho a

ser feliz.

destruirme.

suicidarme.

morir.

votar.

tomar decisiones.

068

tener derecho a + 동사원형

	난 행복할
	나를 파괴할
권리가 있다.	자살할
	죽을
	선거할
	결정할

Tengo derecho a

ser feliz.

destruirme.

suicidarme.

morir.

votar.

tomar decisiones.

■ 'suicidarse'처럼 항상 재귀형으로만 쓰이는 동사를 '대명동사'라고 한다.
예) atreverse a, quejarse de 등

301

~을(를) 두려워하지 마라

내 개를	두려워 마라.
죽음을	무서워 마세요.
우리, 실패를	두려워 말자.
너희들, 그를	두려워 마라.
여러분, 사랑에 빠지는 것을	두려워 마십시오.
당신들, 내가 배신할까봐	두려워 마십시오.

tener miedo a/de~

No tengas miedo a	mi perro.
No tenga miedo a	morir.
No tengamos miedo al	fracaso.
No tengáis miedo de	él.
No tengan miedo de	enamorarse.
No tengan miedo de	que los traicione.

069

tener miedo a/de~

두려워 마라.	내 개를
무서워 마세요.	죽음을
두려워 말자.	우리, 실패를
두려워 마라.	너희들, 그를
두려워 마십시오.	여러분, 사랑에 빠지는 것을
두려워 마십시오.	당신들, 내가 배신할까봐

No tengas miedo a	mi perro.
No tenga miedo al	morir.
No tengamos miedo al	fracaso.
No tengáis miedo de	él.
No tengan miedo de	enamorarse.
No tengan miedo de	que los traicione.

■ 부정명령
  '~하지 말라(No~)'의 부정명령을 표현하기 위해서는 접속법 현재형을 사용한다.
■ 접속법 현재(Presente de subjuntivo)
  확실한 사실, 화자의 확신을 표현하는 직설법과는 달리, 접속법은 종속절의 내용에 대해 주절의
  주어가 불확신, 부정, 희망, 부탁, 사역, 금지, 명령하거나, 종속절이 시간, 목적, 조건, 방법, 양보절
  일 때 종속절 동사에 사용한다.
■ 접속법 현재 규칙 동사 변화
  1군 동사 –ar : –e, –es, –e, –emos, –éis, –en
  2군 동사 –er : –a, –as, –a, –amos, –áis, –an
  3군 동사 –ir : –a, –as, –a, –amos, –áis, –an

070

~되었다, ~해 버렸다

난(남자)	바보가 되었다.
넌(여자)	미쳐 버렸다.
그 남자는	하몬에 중독됐다.
우리는	이기주의자들이 되었다.
너희는	좀 늙어 버렸다.
나뭇잎들이	붉어졌다(단풍이 들었다).

volverse + 형용사

Me he vuelto	estúpido.
Te has vuelto	loca.
Se ha vuelto	adicto al jamón.
Nos hemos vuelto	muy egoistas.
Os habéis vuelto	un poco viejos.
Se han vuelto	rojas las hojas.

070

volverse + 형용사

난(남자)	바보가 되었다.
넌(여자)	미쳐 버렸다.
그 남자는	하몬에 중독됐다.
우리는	이기주의자들이 되었다.
너희는	좀 늙어 버렸다.
나뭇잎들이	붉어졌다(단풍이 들었다).

Me he vuelto	estúpido.
Te has vuelto	loca.
Se ha vuelto	adicto al jamón.
Nos hemos vuelto	muy egoístas.
Os habéis vuelto	un poco viejos.
Se han vuelto	rojas las hojas.

071

~지루하다, ~지겹다

내게는 역사가

네게는 하루 종일 일하는 게

그 여자에게는 운동이

우리에게는 너와 이야기하는 게

너희에게는 반복적인 생활이

그들에게는 이 책들이

지루하다.

지겹다.

aburrir~

Me		la historia.
Te		trabajar todo el día.
Le	aburre	el deporte.
Nos		hablar contigo.
Os		la rutina.
Les	aburren	estos libros.

071

aburrir~

지루하다. **지겹다.**	내게는 역사가 네게는 하루 종일 일하는 게 그 여자에게는 운동이 우리에게는 너와 이야기하는 게 너희에게는 반복적인 생활이 그들에게는 이 책들이

Me		la historia.
Te		trabajar todo el día.
Le	**aburre**	el deporte.
Nos		hablar contigo.
Os		la rutina.
Les	**aburren**	estos libros.

■ 스페인어를 한국어로 번역할 때, 목적어 '내게는', '네게는'은 주어 '나는', '너는'이 더 자연스럽다.

313

~을(를) 무척 좋아하다

난 이 사진을

넌 이 음식이

마르따는 야외에서 노는 것을

우리는 나가서 춤추는 것을   무척 좋아한다.

너희는 피카소의 작품들을

그들은 이 꽃들을

encantar~

Me		esta foto.
Te		este plato.
A Marta le	encanta	jugar al aire libre.
Nos		salir y bailar.
Os	encantan	las obras de Picasso.
Les		estas flores.

072

encantar~

<table>
<tr><td></td><td>난 이 사진을</td></tr>
<tr><td></td><td>넌 이 음식이</td></tr>
<tr><td></td><td>마르따는 야외에서 노는 것을</td></tr>
<tr><td>무척 좋아한다.</td><td>우리는 나가서 춤추는 것을</td></tr>
<tr><td></td><td>너희는 피카소의 작품들을</td></tr>
<tr><td></td><td>그들은 이 꽃들을</td></tr>
</table>

Me		esta foto.
Te	**encanta**	este plato.
A Marta le		jugar al aire libre.
Nos		salir y bailar.
Os	**encantan**	las obras de Picasso.
Les		estas flores.

■ 문장 성분 중 주어(esta foto)가 의미상의 목적어(이 사진을)가 되고, 간접목적어(나에게)를 의미
상의 주어(나는)로 만드는 동사(gusta, encantar, interesar, molestar, doler 등)를 '역구조동사'
라고 한다. 이때 중요한 것은 주어의 수(esta foto, estas flores)에 따라 동사가 결정된다는 점이다.
그러나 동사가 여러 개 나열될 경우(salir y bailar)에는 동사의 수와 상관없이 단수 동사를 사용함
에 유의한다.

317

073

넌 어떤 종류의 ~을(를) 좋아하니?

어떤 종류의	음악	을(를) 좋아하니?
	영화	
	책	
	성격	
	여자	
	그림	

¿Qué tipo de ~ te gusta?

¿Qué tipo de

música
cine
libro
personalidad
mujer
dibujo

te gusta?

¿Qué tipo de ~ te gusta?

	음악
	영화
	책
어떤 종류의	성격 을(를) 좋아하니?
	여자
	그림

¿Qué tipo de **música / cine / libro / personalidad / mujer / dibujo** te gusta?

074

~하고 싶다

저는 당신께 부탁을 드리고	**싶습니다.**
너는 너에게 무슨 선물을 했으면	**좋겠니?**
그녀는 유명인이	**되고 싶다.**
우리는 이 호텔에 투숙하면	**좋겠습니다.**
너희는 그들이 화해하면	**좋겠니?**
여러분들은 이 기회를 활용하고	**싶습니까?**

Me gustaría~

A mí me
¿A ti qué te
A ella le
A nosotros nos
¿A vosotros os
¿A Uds. les

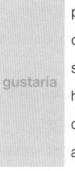

gustaría

pedirle un favor.
que te regalaran?
ser una mujer famosa.
hospedarnos en este hotel.
que se reconciliaran ellos?
aprovechar esta oportunidad?

323

Me gustaría~

싶습니다.	저는 당신께 부탁을 드리고
좋겠니?	너는 너에게 무슨 선물을 했으면
되고 싶다.	그녀는 유명인이
좋겠습니다.	우리는 이 호텔에 투숙하면
좋겠니?	너희는 그들이 화해하면
싶습니까?	여러분들은 이 기회를 활용하고

A mí me		pedirle un favor.
¿A ti qué te		que te regalaran?
A ella le	**gustaría**	ser una mujer famosa.
A nosotros nos		hospedarnos en este hotel.
¿A vosotros os		que se reconciliaran ellos?
¿A Uds. les		aprovechar esta oportunidad?

■ 'gustar' 동사가 직설법 현재(gusta)로 사용될 경우에는 '~을 좋아하다'라는 뜻이지만, 직설법 가정미래(gustaría)로 사용될 경우에는 '~을 하고 싶다, ~하면 좋겠다'의 뜻이 된다.

~가 부족하다, ~가 필요하다

내가 너를 언제	**실망시킨 적 있니?**
난 네가	**필요하다.**
그 남자는 끈기가	**모자라다.**
우리는 약품이	**없다.**
이 집에는 존경심이	**모자라다.**
10분이	**남았다.**

faltar~

¿Te	falto	yo alguna vez?
Me	faltas	tú.
Le	falta	la consistencia.
Nos	faltan	medicamentos.
	Falta	el respeto en esta casa.
	Faltan	diez minutos.

faltar~

실망시킨 적 있니?	내가 너를 언제
필요하다.	난 네가
모자라다.	그 남자는 끈기가
없다.	우리는 약품이
모자라다.	이 집에는 존경심이
남았다.	10분이

¿Te	**falto**	yo alguna vez?
Me	**faltas**	tú.
Le	**falta**	la consistencia.
Nos	**faltan**	medicamentos.
	Falta	el respeto en esta casa.
	Faltan	diez minutos.

실례가 안 된다면 ~해도 될까요?

실례가 안 된다면,	담배를 피워	도 될까요?
	옆에 앉아	
	뭐 하나 여쭤봐	
	음악을 틀어	
	제가 당신과 동행해	
	테이블을 치워	

330

Si no le molesta, podría
+ 동사원형

Si no le molesta, podría

fumar?

sentarme a su lado?

preguntarle una cosa?

poner música?

acompañarle a Ud.?

quitar la mesa?

331

Si no le molesta, podría
+ 동사원형

실례가 안 된다면,

담배를 피워

옆에 앉아

뭐 하나 여쭤봐

음악을 틀어

제가 당신과 동행해

테이블을 치워

도 될까요?

Si no le molesta, podría

fumar?

sentarme a su lado?

preguntarle una cosa?

poner música?

acompañarle a Ud.?

quitar la mesa?

077

~이(가) 간절하다, ~이(가) 당기다

난 아이스크림이

넌 아보카도가

그 여자는 아이스커피가

우리는 해변에서 쉬고 싶은 마음이

너희는 아이스크림과 초콜릿이

그들은 캐러멜이

당긴다.

간절하다.

apetecer + 음식/동사원형

Me		un helado.
Te		el aguacate.
Le	apetece	tomar un café frío.
Nos		relajarnos en la playa.
Os		el helado y el chocolate.
Les	apetecen	los caramelos.

077

apetecer + 음식/동사원형

	난 아이스크림이
	넌 아보카도가
당긴다.	그 여자는 아이스커피가
간절하다.	우리는 해변에서 쉬고 싶은 마음이
	너희는 아이스크림과 초콜릿이
	그들은 캐러멜이

Me		un helado.
Te		el aguacate.
Le	**apetece**	tomar un café frío.
Nos		relajarnos en la playa.
Os		el helado y el chocolate.
Les	**apetecen**	los caramelos.

■ 'apetecer' 동사 대신에 'antojar' 동사를 사용할 수 있다.
  예) Me antoja el pescado. (생선이 먹고 싶다)

078

난 ~이(가) 아프다

| 난 | 머리가
목이
등이
눈이
귀가
어금니가 | 아프다. |

Me duele + 신체부위

| Me duele | la cebeza.
el cuello.
la espalda. |
| Me duelen | los ojos.
los oídos.
las muelas. |

Me duele + 신체부위

	머리가	
	목이	
난	등이	아프다.
	눈이	
	귀가	
	어금니가	

Me duele	la cebeza.
	el cuello.
	la espalda.
Me duelen	los ojos.
	los oídos.
	las muelas.

341

079

~에게 어울리다

이 스웨터는 나에게	매우 잘 맞는다.
이 재킷은 너에게	엄청나게 잘 어울린다.
치수 40은 당신에게	작습니다.
이 신발은 우리한테	꼭 낀다.
하이힐은 너희들에게	안 맞는다.
바지가 여러분들한테	깁니다.

342

quedar~

Me		muy bien este jersey.
Te	queda	fenomenal esta chaqueta.
Le		pequeña la talla 40.
Nos		ajustados estos zapatos.
Os	quedan	mal estos tacones.
Les		largos los pantalones.

079

quedar~

매우 잘 맞는다.	이 스웨터는 나에게
엄청나게 잘 어울린다.	이 재킷은 너에게
작습니다.	치수 40은 당신에게
꼭 낀다.	이 신발은 우리한테
안 맞는다.	하이힐은 너희들에게
깁니다.	바지가 여러분들한테

Me		muy bien este jersey.
Te	**queda**	fenomenal esta chaqueta.
Le		pequeña la talla 40.
Nos		ajustados estos zapatos.
Os	**quedan**	mal estos tacones.
Les		largos los pantalones.

080

맞다

내가 너에게	잘 맞니?
넌 나에게	잘 안 맞아.
남편은 그 여자에게	너무 잘 안 맞아.
우리는 서로	너무 잘 맞아.
그 선생님은 너희들에게	안 맞아.
당신들에게 새 상사는	꽤 잘 맞는다.

caer~

¿Te	**caigo**	bien?
No me	**caes**	bien.
Le	**cae**	muy mal su esposo.
Nos	**caemos**	muy bien.
Os	**cae**	mal esa profesora.
Les	**cae**	bastante bien su nuevo jefe.

080

caer~

잘 맞니?	내가 너에게
잘 안 맞아.	넌 나에게
너무 잘 안 맞아.	남편은 그 여자에게
너무 잘 맞아.	우리는 서로
안 맞아.	그 선생님은 너희들에게
꽤 잘 맞는다.	당신들에게 새 상사는

¿Te	**caigo**	bien?
No me	**caes**	bien.
Le	**cae**	muy mal su esposo.
Nos	**caemos**	muy bien.
Os	**cae**	mal esa profesora.
Les	**cae**	bastante bien su nuevo jefe.

비 인 칭

패 턴

081

~하는 게 더 낫다

당장 떠나는

먼저 물을 마시는

집에서 쉬는

네가 그것을 명확하게 설명하는

대학에 들어가는

내가 그의 제안을 받아들이는

것이 더 낫다.

Es mejor + 동사원형/
que (주어) + 동사(접속법)

Es mejor	salir ahora mismo.
	beber agua primero.
	descansar en casa.
	que lo expliques claramente.
	que entren a la universidad.
	que yo acepte su propuesta.

353

081

Es mejor + 동사원형/ que (주어) + 동사(접속법)

당장 떠나는

먼저 물을 마시는

집에서 쉬는

것이 더 낫다. 네가 그것을 명확하게 설명하는

대학에 들어가는

내가 그의 제안을 받아들이는

	salir ahora mismo.
	beber agua primero.
	descansar en casa.
Es mejor	que lo expliques claramente.
	que entren a la universidad.
	que yo acepte su propuesta.

■ 비인칭 표현은 동사원형을 수반하지만, 절(que 이하 문장)과 결합할 수도 있다.

082

~하는 것이 중요하다

균형적인 식사를 하는

그 정보를 확인하는

노력을 하는

우리가 법을 준수하는   **것이 중요하다.**

너희들이 의견을 말해주는

네가 공부를 열심히 하는

Es importante + 동사원형/ que (주어) + 동사(접속법)

Es importante	tener una dieta equilibrada.
	verificar la información.
	esforzarse.
	que respetemos la ley.
	que nos deis vuestra opinión.
	que estudies con ahínco.

082

Es importante + 동사원형/ que (주어) + 동사(접속법)

것이 중요하다.

균형적인 식사를 하는

그 정보를 확인하는

노력을 하는

우리가 법을 준수하는

너희들이 의견을 말해주는

네가 공부를 열심히 하는

Es importante

tener una dieta equilibrada.

verificar la información.

esforzarse.

que respetemos la ley.

que nos deis vuestra opinión.

que estudies con ahínco.

083

~하는 것은 어렵다

좋은 변호사를 찾는

목표를 달성하는

연설을 이해하는

우리가 자식을 잘 교육시키는

당신이 약사가 되는

어른들이 의견을 바꾸는

것은 어렵다.

Es difícil + 동사원형/
que (주어) + 동사(접속법)

	encontrar a un buen abogado.
	lograr la meta.
	entender su discurso.
Es difícil	que eduquemos bien a los niños.
	que se haga farmacéutico.
	que los mayores cambien de opinión.

083

Es difícil + 동사원형/
que (주어) + 동사(접속법)

것은 어렵다.

좋은 변호사를 찾는

목표를 달성하는

연설을 이해하는

우리가 자식을 잘 교육시키는

당신이 약사가 되는

어른들이 의견을 바꾸는

Es difícil

encontrar a un buen abogado.

lograr la meta.

entender su discurso.

que eduquemos bien a los niños.

que se haga farmacéutico.

que los mayores cambien de opinión.

363

084

~할 가능성이 있다

도시에서 돈을 더 많이 벌

제 때 도착할

비가 올

무슨 일이 일어날

물가가 오를

차가 많이 막힐

가능성이 있다.

Es probable + 동사원형/ **que** (주어) + 동사(접속법)

	ganar más dinero en la ciudad.
	llegar a tiempo.
Es probable	que llueva.
	que suceda algo.
	que el precio suba.
	que haya mucho tráfico.

084

Es probable + 동사원형/ que (주어) + 동사(접속법)

가능성이 있다.

도시에서 돈을 더 많이 벌

제 때 도착할

비가 올

무슨 일이 일어날

물가가 오를

차가 많이 막힐

Es probable

ganar más dinero en la ciudad.

llegar a tiempo.

que llueva.

que suceda algo.

que el precio suba.

que haya mucho tráfico.

085

~이(가) 사실이야?

네가 그를 해고한

그 여자가 임신했다는

네가 파나마로 이민 가는

아버님께서 승진하신   **게 사실이야?**

네가 계약서에 사인한

그의 친구가 마흔 살이라는

¿Es verdad + que
(주어) + 동사(직설법)

¿Es verdad

que tú lo has despedido?

que ella está embarazada?

que vas a emigrar a Panamá?

que ascendieron a tu padre?

que has firmado el contrato?

que su amigo tiene 40 años?

¿Es verdad + que
(주어) + 동사(직설법)

네가 그를 해고한

그 여자가 임신했다는

네가 파나마로 이민 가는

게 사실이야?

아버님께서 승진하신

네가 계약서에 사인한

그의 친구가 마흔 살이라는

¿Es verdad

que tú lo has despedido?

que ella está embarazada?

que vas a emigrar a Panamá?

que ascendieron a tu padre?

que has firmado el contrato?

que su amigo tiene 40 años?

~은(는) 사실이 아니다

그가 과테말라 사람이라는 것은

너에게 욕을 했다는 것은

자리가 많다는 것은

우리가 너에게 주의를 기울이지 않는다는 것은

네게 시간이 얼마 안 남았다는 것은

그 상점이 문을 닫는다는 것은

사실이 아니다.

No es cierto + que
(주어) + 동사(접속법)

No es cierto

que sea guatemalteca.

que te haya insultado.

que haya muchos plazos.

que no nos fijemos en ti.

que te quede poco tiempo.

que la tienda vaya a cerrar.

086

No es cierto + que
(주어) + 동사(접속법)

사실이 아니다.

그가 과테말라 사람이라는 것은

너에게 욕을 했다는 것은

자리가 많다는 것은

우리가 너에게 주의를 기울이지 않는다는 것은

네게 시간이 얼마 안 남았다는 것은

그 상점이 문을 닫는다는 것은

No es cierto

que sea guatemalteca.

que te haya insultado.

que haya muchos plazos.

que no nos fijemos en ti.

que te quede poco tiempo.

que la tienda vaya a cerrar.

087

~할 시간이다

아침 먹을

점심 먹을

간식 먹을

저녁 먹을

네가 약을 먹을

그 남자가 커밍아웃할

시간이다.

376

Es hora de + 동사원형/
que (주어) + 동사(접속법)

	desayunar.
	almorzar.
	merendar.
Es hora de	cenar.
	que tomes los medicamentos.
	que él salga del armario.

Es hora de + 동사원형/
que (주어) + 동사(접속법)

	아침 먹을
	점심 먹을
	간식 먹을
시간이다.	저녁 먹을
	네가 약을 먹을
	그 남자가 커밍아웃할

Es hora de

desayunar.

almorzar.

merendar.

cenar.

que tomes los medicamentos.

que él salga del armario.

~은(는) 불가능하다

세계 일주를 하는 것은

너를 잊기란

그 꿈을 실현하기란

네가 둘 다 만족시키는 것은

사람들이 우리를 보러 오는 것은

부정행위가 있기는

불가능하다.

Es imposible + 동사원형/
que (주어) + 동사(접속법)

Es imposible	dar la vuelta al mundo.
	olvitarte.
	hacer realidad ese sueño.
	que satisfagas a ambos.
	que la gente venga a vernos.
	que haya fraude.

088

Es imposible + 동사원형/ que (주어) + 동사(접속법)

	세계 일주를 하는 것은
	너를 잊기란
불가능하다.	그 꿈을 실현하기란
	네가 둘 다 만족시키는 것은
	사람들이 우리를 보러 오는 것은
	부정행위가 있기는

Es imposible

dar la vuelta al mundo.

olvitarte.

hacer realidad ese sueño.

que satisfagas a ambos.

que la gente venga a vernos.

que haya fraude.

089

~할 필요가 없었다

그것을 죽일

그렇게 말할

자리를 잡을

네가 그렇게 걱정할   **필요가 없었다.**

당신이 그렇게 적대적일

네가 그렇게 일찍 도착할

No era necesario + 동사원형/ que(주어) + 동사(접속법)

No era necesario

matarlo.

decir eso.

tomar asiento.

que te preocuparas tanto.

que Ud. fuera tan hostil.

que llegaras tan temprano.

No era necesario + 동사원형/
que(주어) + 동사(접속법)

필요가 없었다.

그것을 죽일

그렇게 말할

자리를 잡을

네가 그렇게 걱정할

당신이 그렇게 적대적일

네가 그렇게 일찍 도착할

386

No era necesario

matarlo.

decir eso.

tomar asiento.

que te preocuparas tanto.

que Ud. fuera tan hostil.

que llegaras tan temprano.

■ 시제 일치
주절의 시제가 과거일 경우, 종속절 동사도 접속법 과거 시제를 사용해야 한다.
예) No **es** necesario que Ud. <u>sea</u> tan hostil.
　　No **era** necesario que Ud. <u>fuera</u> tan hostil.

■ 접속법 과거(Pretérito impefecto de subjuntivo) 규칙 동사 변화
'-ra형'과 '-se형'이 있다. 직설법 단순과거 3인칭 복수형(-aron, -ieron)에서 '-ron' 대신에 '-ra(-
se), -ras(-ses), -ra(-se), -ramos(-semos), -rais(-seis), -ran(-sen)'을 붙여 만든다.

문 장과

결 합 하 는

패 턴

090

~하기를 바라다

난 네가 무사하기

넌 내가 너에게서 멀어지기

엄마는 우리들이 서로 사랑하기

를 바란다.

우리는 그들이 서로 싸우지 않기

너희는 그들이 이혼하지 않기

그들은 자식들이 행동을 잘 하기

esperar que
(주어) + 동사(접속법)

(Yo)	Espero que	tú estés sano y salvo.
(Tú)	Esperas que	yo me aleje de ti.
Mi madre	espera que	nos amemos.
(Nosotros)	Esperamos que	no se peleen ellos.
(Vosotros)	Esperáis que	ellos no se divorcien.
Ellos	esperan que	sus hijos se porten bien.

esperar que
(주어) + 동사(접속법)

를 바란다.

난 네가 무사하기

넌 내가 너에게서 멀어지기

엄마는 우리들이 서로 사랑하기

우리는 그들이 서로 싸우지 않기

너희는 그들이 이혼하지 않기

그들은 자식들이 행동을 잘 하기

(Yo)	**Espero que**	tú estés sano y salvo.
(Tú)	**Esperas que**	yo me aleje de ti.
Mi madre	**espera que**	nos amemos.
(Nosotros)	**Esperamos que**	no se peleen ellos.
(Vosotros)	**Esperáis que**	ellos no se divorcien.
Ellos	**esperan que**	sus hijos se porten bien.

■ 주절의 주어(나)와 종속절의 주어(너)가 다를 경우 종속절 동사는 접속법을 사용한다. 그러나 주어
  가 동일한 경우 동사 원형을 사용한다.
  예) Yo espero que tú estés sano y salvo.
      Yo espero estar sano y salvo.
■ 상호의 se
  재귀대명사 se가 복수 동사와 함께 사용될 때 '서로 서로'의 의미를 갖는 경우가 있다.
  예) pelearse, casarse, divorciarse

393

091

~라고 믿지(생각하지) 않는다

난 네가 하는 말이 사실이라고

넌 내가 너를 속인다고

그 남자는 그 여자가 자신을 사랑한다고

우리는 너희들이 다시 돌아오리라고

너희는 우리가 피아노를 칠 수 있다고

당신들은 그녀가 그를 좋아한다고

믿지 않는다.
생각하지 않는다.

No creer que
(주어) + 동사(접속법)

(Yo)	No creo que	sea verdad lo que dices.
(Tú)	No crees que	yo te engañe.
Él	no cree que	ella lo ame.
(Nosotros)	No creemos que	volváis otra vez.
(Vosotros)	No creéis que	podamos tocar el piano.
Ustedes	no creen que	ella lo quiera.

395

No creer que
(주어) + 동사(접속법)

	난 네가 하는 말이 사실이라고
	넌 내가 너를 속인다고
믿지 않는다.	그 남자는 그 여자가 자신을 사랑한다고
생각하지 않는다.	우리는 너희들이 다시 돌아오리라고
	너희는 우리가 피아노를 잘 칠 수 있다고
	당신들은 그녀가 그를 좋아한다고

(Yo)	**No creo que**	sea verdad lo que dices.
(Tú)	**No crees que**	yo te engañe.
Él	**no cree que**	ella lo ame.
(Nosotros)	**No creemos que**	volváis otra vez.
(Vosotros)	**No creéis que**	podamos tocar el piano.
Ustedes	**no creen que**	ella lo quiera.

■ 주절의 문장이 긍정일 경우에는 종속절의 동사는 직설법을 사용한다.
  예) No creo que <u>sea</u> verdad lo que tú dices.
    Creo que <u>es</u> verdad lo que tú dices.

397

092

~하라고 충고하다,
~하라고 권하다

나에게 따뜻한 물을 마시라고

너에게 이 연고를 발라 주라고

그 남자에게 차를 마시라고   **권한다.**

우리에게 가서 자라고

너희에게 병원에 가라고

당신들에게 진통제를 먹으라고

recomendar que
(주어) + 동사(접속법)

Me		tome agua caliente.
Te		te pongan esta pomada.
Le	recomiendan que	tome una infusión.
Nos		nos vayamos a la cama.
Os		os vayáis al médico.
Les		se tomen un analgésico.

399

recomendar que
(주어) + 동사(접속법)

	나에게 따뜻한 물을 마시라고
	너에게 이 연고를 발라 주라고
	그 남자에게 차를 마시라고
권한다.	우리에게 가서 자라고
	너희에게 병원에 가라고
	당신들에게 진통제를 먹으라고

Me		tome agua caliente.
Te		te pongan esta pomada.
Le	**recomiendan que**	tome una infusión.
Nos		nos vayamos a la cama.
Os		os vayáis al médico.
Les		se tomen un analgésico.

■ 스페인어는 주어를 명시하지 않고 3인칭 복수(recomiendan)를 사용하여 일반 주어를 나타내기
도 한다. 이 때 '사람들은'으로 해석하거나 해석하지 않아도 무방하다.

401

093

~을(를) 금지하다

내 상관은 내가 지각하는 것을

내 상관은 네가 인터넷 서핑 하는 것을

내 상관은 그 여자가 회사에서 화장하는 것을

내 상관은 우리가 건물 안에서 담배 피우는 것을

내 상관은 너희들이 커피를 많이 마시는 것을

내 상관은 당신들이 전화 거는 것을

금지한다.

prohibir que
(주어) + 동사(접속법)

Mi jefe	prohíbe que	yo llegue tarde.
		navegues por internet.
		ella se maquille en la oficina.
		fumemos dentro del edificio.
		toméis mucho café.
		realicen llamadas.

093

prohibir que
(주어) + 동사(접속법)

	내 상관은 내가 지각하는 것을
	내 상관은 네가 인터넷 서핑 하는 것을
	내 상관은 그 여자가 회사에서 화장하는 것을
금지한다.	내 상관은 우리가 건물 안에서 담배 피우는 것을
	내 상관은 너희들이 커피를 많이 마시는 것을
	내 상관은 당신들이 전화 거는 것을

Mi jefe	**prohíbe que**	yo llegue tarde.
		navegues por internet.
		ella se maquille en la oficina.
		fumemos dentro del edificio.
		toméis mucho café.
		realicen llamadas.

094

~했다니 기쁘다

난 네가 집에 돌아와서

난 네가 떠나지 않아서

난 네가 페루에서 성공을 거두어서

난 네가 와 주어

난 네가 시험을 통과해서

난 네가 내 선물을 마음에 들어 해서

기쁘다.

alegrarse de que
(주어) + 동사(접속법)

Me alegro de que

hayas vuelto a casa.

no te hayas ido.

hayas tenido éxito en Perú.

hayas venido.

hayas aprobado el examen.

te haya gustado mi regalo.

094.

alegrarse de que
(주어) + 동사(접속법)

	난 네가 집에 돌아와서
	난 네가 떠나지 않아서
	난 네가 페루에서 성공을 거두어서
기쁘다.	난 네가 와 주어
	난 네가 시험을 통과해서
	난 네가 내 선물을 마음에 들어 해서

Me alegro de que

hayas vuelto a casa.

no te hayas ido,

hayas tenido éxito en Perú.

hayas venido.

hayas aprobado el examen.

te haya gustado mi regalo.

~하면 좋겠다

내일 비가 오지 않으면

크리스마스에 눈이 내리면

우리에게 더 많은 일자리를 가져다 주면

우리가 다시 볼 수 있으면

내 직업에서 성공하면

남편이 나를 믿어주면

좋겠다.

¡Ojalá (que)
(주어) + 동사(접속법)!

¡Ojalá (que)	no llueva mañana!
	nieve en la Navidad!
	nos traigan más puestos de trabajo!
	podamos volver a vernos!
	tenga mucho éxito en mi carrera!
	mi esposo confíe en mí!

411

095

¡Ojalá (que)
(주어) + 동사(접속법)!

	내일 비가 오지 않으면
	크리스마스에 눈이 내리면
	우리에게 더 많은 일자리를 가져다 주면
좋겠다.	우리가 다시 볼 수 있으면
	내 직업에서 성공하면
	남편이 나를 믿어주면

¡Ojalá (que)

no llueva mañana!

nieve en la Navidad!

nos traigan más puestos de trabajo!

podamos volver a vernos!

tenga mucho éxito en mi carrera!

mi esposo confíe en mí!

096

아무리 더 ~해도 ~못할 것이다

아무리 더		도		
	내가 노력해		시험을 통과하지	**못할** **것이다.**
	당신이 일을 해		그것을 얻지	
	노력해		제때 일을 끝내지	
	당신들이 그녀를 찾아		그 여자를 찾지	
	네가 울어		사주지	**않을** **것이다.**
	우리가 그것을 원해		주지	

Por más que (주어) + 동사(접속법), no + 가정미래

Por más que		no	
	haga esfuerzos,		podré aprobar el examen.
	trabaje,		lo conseguirá.
	lo intentéis,		podréis terminarlo a tiempo.
	la busquen,		podrán encontrarla.
	llores, tu madre		te lo comprará.
	la deseemos,		no nos la darán.

415

096

Por más que (주어) + 동사(접속법), no + 가정미래

아무리 더	내가 노력해	도	시험을 통과하지	못할	
	당신이 일을 해		그것을 얻지		
	노력해		제때 일을 끝내지	것이다.	
	당신들이 그녀를 찾아		그 여자를 찾지		
	네가 울어		사주지	않을	
	우리가 그것을 원해		주지	것이다.	

	haga esfuerzos,	podré aprobar el examen.
	trabaje,	lo conseguirá.
Por más que	lo intentéis, no	podréis terminarlo a tiempo.
	la busquen,	podrán encontrarla.
	llores, tu madre	te lo comprará.
	la deseemos,	no nos la darán.

417

Si 와

결 합 하 는

패 턴

097

내가 만약 ~라면 ~하겠다
〈미래 가정〉

내가 만약		면		겠다.
	스페인에 간다		투우하는 법을 배우	
	돈을 많이 벌게 되		석유에 투자하	
	너와 결혼을 하게 되		절대로 이혼은 안 하	
	이 일을 끝내게 되		이 나라를 떠나	
	이 기회를 잡게 되		경기를 이기	
	너에게 거짓말을 하		재산의 반을 주	

Si + 직설법 현재 동사,
직설법 미래

Si

voy a España, aprenderé a torear.

gano mucho dinero, lo invertiré en el petróleo.

me caso contigo, nunca me divorciaré.

termino este trabajo, saldré del país.

consigo esta oportunidad, ganaré el partido.

te miento, te daré la mitad de mi fortuna.

Si + 직설법 현재 동사, 직설법 미래

내가 만약	스페인에 간다		투우하는 법을 배우	
	돈을 많이 벌게 되		석유에 투자하	
	너와 결혼을 하게 되		절대로 이혼은 안 하	
	이 일을 끝내게 되	면	이 나라를 떠나	겠다.
	이 기회를 잡게 되		경기를 이기	
	너에게 거짓말을 하		재산의 반을 주	

422

Si

voy a España, aprenderé a torear.

gano mucho dinero, lo invertiré en el petróleo.

me caso contigo, nunca me divorciaré.

termino este trabajo, saldré del país.

consigo esta oportunidad, ganaré el partido.

te miento, te daré la mitad de mi fortuna.

■ 미래(Futuro)
  현재를 기준으로 앞으로 다가올 일을 표현할 때 사용한다.
■ 미래 규칙동사 변화
  동사원형 + é, ás, á, emos, éis, án

423

내가 만약 ~라면 ~할 텐데
〈현재 사실의 반대 가정〉

내가 만약		면		텐데.
	너라		그 일을 그만두지 않을	
	그라		집을 당장 팔	
	백만장자라		전 재산을 너에게 줄	
	너와 함께 있다		가장 행복한 여자일	
	여배우라		성형수술을 하지 않을	
	돈을 많이 가지고 있다		크루즈 여행을 갈	

424

Si + 접속법 과거 동사,
직설법 가정미래

Si

fuera tú, no dejaría el trabajo.

fuera él, vendería la casa ahora mismo.

fuera millonario, te daría toda mi fortuna.

estuviera contigo, sería la chica más feliz.

fuera actriz, no me haría la cirugía estética.

tuviera mucho dinero, viajaría en crucero.

Si + 접속법 과거 동사, 직설법 가정미래

	너라	그 일을 그만두지 않을
	그라	집을 당장 팔
	백만장자라	전 재산을 너에게 줄
내가 만약	너와 함께 있다	가장 행복한 여자일
	여배우라	성형수술을 하지 않을
	돈을 많이 가지고 있다	크루즈 여행을 갈

면 ... **텐데.**

Si

fuera tú, no dejaría el trabajo.

fuera él, vendería la casa ahora mismo.

fuera millonario, te daría toda mi fortuna.

estuviera contigo, sería la chica más feliz.

fuera actriz, no me haría la cirugía estética.

tuviera mucho dinero, viajaría en crucero.

■ 조건절에서는 접속법 과거 '-ra형'과 '-se형'을 모두 쓸 수 있고, 귀결절에서는 가정미래, 접속법 과거 '-ra형', 직설법 과거를 사용할 수 있다.
예) Si fuera/fuese tú, no dejaría/dejara/dejaba el trabajo.

내가 만약 ~였다면 ~했었을 텐데
〈과거 사실의 반대 가정〉

내가 만약		면		텐데.
	너였더라면		일을 그만두었을	
	너를 도왔더라면		집을 안 팔았을	
	돈을 가지고 있었더라		그 차를 샀을	
	배가 고팠더라면		다 먹었을	
	정시에 도착했더라		너를 보았을	
	시험에 통과했더라면		휴가를 떠났을	

Si + 접속법 대과거 동사, 직설법 가정미래 완료

Si

hubiera sido tú, habría dejado el trabajo.

te hubiera ayudado, no habrías vendido tu casa.

hubiera tenido dinero, habría comprado ese coche.

hubiera tenido hambre, me lo habría comido todo.

hubiera llegado a tiempo, te habría visto.

hubiera aprobado el examen, habría ido de vacaciones.

429

Si + 접속법 대과거 동사,
직설법 가정미래 완료

내가 만약	너였더라면	**면**	일을 그만두었을	**텐데.**
	너를 도왔더라면		집을 안 팔았을	
	돈을 가지고 있었더라		그 차를 샀을	
	배가 고팠더라면		다 먹었을	
	정시에 도착했더라		너를 보았을	
	시험에 통과했더라면		휴가를 떠났을	

Si
hubiera sido tú, habría dejado el trabajo.

te hubiera ayudado, no habrías vendido tu casa.

hubiera tenido dinero, habría comprado ese coche.

hubiera tenido hambre, me lo habría comido todo.

hubiera llegado a tiempo, te habría visto.

hubiera aprobado el examen, habría ido de vacaciones.

100

마치 ~처럼

마치		처럼	
	나를 사랑하는		키스해 주세요.
	선생님인 것		설명한다.
	내 애인인 것		행세한다.
	나를 잘 아는 것		나에 대해 말한다.
	풍경을 보는 것		그린다.
	증인의 말을 듣는 것		상황을 묘사한다.

Como si + 접속법

Bésame		me amaras.
Lo explica		fuera profesor.
Se comporta		fuera mi novio.
Habla de mí	como si	me conociera bien.
Pinta		viera el paisaje.
Describe la situación		oyera al testigo.

Como si + 접속법

마치		처럼
	나를 사랑하는	키스해 주세요.
	선생님인 것	설명한다.
	내 애인인 것	행세한다.
	나를 잘 아는 것	나에 대해 말한다.
	풍경을 보는 것	그린다.
	증인의 말을 듣는 것	상황을 묘사한다.

Bésame		me amaras.
Lo explica		fuera profesor.
Se comporta		fuera mi novio.
Habla de mí	**como si**	me conociera bien.
Pinta		viera el paisaje.
Describe la situación		oyera al testigo.

Point 동사변화표(Tabla de conjugaciones verbales)

verbo(동사)			indicativo(직설법)			
infinitivo (동사원형)	gerundio (현재분사)	participio (과거분사)	presente (현재)	futuro (미래)	condicional (가정미래)	
규칙동사 -ar, -er, -ir						
acabar	acabando	acabado	acabo acabas acaba acabamos acabáis acaban	acabaré acabarás acabará acabaremos acabaréis acabarán	acabaría acabarías acabaría acabaríamos acabaríais acabarían	

aceptar, acompañar, afeitar, aguantar, ahorrar, alegrar, alejar, amar, antojarse, aprobar, aprovechar, arreglar, avisar, ayudar, bajar, bailar, borrar, burlarse, cantar, cambiar, casar, cenar, cerrar, cepillar, cocinar, comprar, conciliar, declarar, dejar, depilar, descansar, desear, dibujar, disfrutar, divorciar, donar, duchar, echar, emigrar, enamorar, encantar, enfadar, engañar, enseñar, entrar, escuchar, esperar, estallar, estudiar, faltar, fijar, firmar, fumar, ganar, golpear, gritar, gustar, hablar, hospedar, informar, insultar, intentar, irritar,

| deber | debiendo | debido | debo
debes
debe
debemos
debéis
deben | deberé
deberás
deberá
deberemos
deberéis
deberán | debería
deberías
debería
deberíamos
deberíais
deberían | |

aprender, beber, ceder, comer, cometer, correr, romper, vender

| aburrir | aburriendo | aburrido | aburro
aburres
aburre
aburrimos
aburrís
aburren | aburriré
aburrirás
aburrirá
aburriremos
aburriréis
aburrirán | aburriría
aburrirías
aburriría
aburriríamos
aburriríais
aburrirían | |

abrir, cumplir, describir, descubrir, escribir, escupir, partir, recibir, vivir

Point 동사변화표(Tabla de conjugaciones verbales)

indicativo(직설법)		subjuntivo(접속법)		imperativo(명령법)	
pretérito imperfecto (불완료과거)	pretérito perfecto simple (단순과거)	presente (현재)	pretérito imperfecto (불완료과거)	afirmativo (긍정)	negativo (부정)
규칙동사 -ar, -er, -ir					
acababa	acabé	acabe	acabara*	-	-
acababas	acabaste	acabes	acabaras	acaba	no acabes
acababa	acabó	acabe	acabara	acabe	no acabe
acabábamos	acabamos	acabemos	acabáramos	acabemos	no acabemos
acababais	acabasteis	acabéis	acabarais	acabad	no acabéis
acababan	acabaron	acaben	acabaran	acaben	no acaben

lavar, luchar, limpiar, lograr, llevar, matar, maquillar, molestar, montar, murmurar, nadar, nevar, olvidarse, participar, patinar, pasear, pedalear, pelear, pintar, portar, preguntar, preparar, presentar, prestar, quedar, quejarse, quitar, reconciliar, regalar, relajar, reparar, reservar, revisar, separar, solicitar, suicidarse, tardar, tararear, terminar, tomar, trabajar, traicionar, tratar, trotar, viajar, visitar, votar

debía	debí	deba	debiera	-	-
debías	debiste	debas	debieras	debe	no debas
debía	debió	deba	debiera	deba	no deba
debíamos	debimos	debamos	debiéramos	debamos	no debamos
debíais	debisteis	debáis	debierais	debed	no debáis
debían	debieron	deban	debieran	deban	no deban

aburría	aburrí	aburra	aburriera	-	-
aburrías	aburriste	aburras	aburrieras	aburre	no aburras
aburría	aburrió	aburra	aburriera	aburra	no aburra
aburríamos	aburrimos	aburramos	aburriéramos	aburramos	no aburramos
aburríais	aburristeis	aburráis	aburrierais	aburrid	no aburráis
aburrían	aburrieron	aburran	aburrieran	aburran	no aburran

Point 동사변화표(Tabla de conjugaciones verbales)

verbo(동사)			indicativo(직설법)			
infinitivo (동사원형)	gerundio (현재분사)	participio (과거분사)	presente (현재)	futuro (미래)	condicional (가정미래)	
불규칙동사 자음 변화						
apetecer	apeteciendo	apetecido	apetezco	apeteceré	apetecería	
			apeteces	apetecerás	apetecerías	
			apetece	apetecerá	apetecería	
			apetecemos	apeteceremos	apeteceríamos	
			apetecéis	apeteceréis	apeteceríais	
			apetecen	apetecerán	apetecerían	
agradecer, amanecer						
aterrizar	aterrizando	aterrizado	aterrizo	aterrizaré	aterrizaría	
			aterrizas	aterrizarás	aterrizarías	
			aterriza	aterrizará	aterrizaría	
			aterrizamos	aterrizaremos	aterrizaríamos	
			aterrizáis	aterrizaréis	aterrizaríais	
			aterrizan	aterrizarán	aterrizarían	
cazar, organizar, realizar, sollozar						
coger	cogiendo	cogido	cojo	cogeré	cogería	
			coges	cogerás	cogerías	
			coge	cogerá	cogería	
			cogemos	cogeremos	cogeríamos	
			cogéis	cogeréis	cogeríais	
			cogen	cogerán	cogerían	
recoger						
dedicar	dedicando	dedicado	dedico	dedicaré	dedicaría	
			dedicas	dedicarás	dedicarías	
			dedica	dedicará	dedicaría	
			dedicamos	dedicaremos	dedicaríamos	
			dedicáis	dedicaréis	dedicaríais	
			dedican	dedicarán	dedicarían	
buscar, educar, equivocar, explicar, masticar, practicar, roncar, sacar, tocar, verificar						

438

indicativo(직설법)		subjuntivo(접속법)		imperativo(명령법)	
pretérito imperfecto (불완료과거)	pretérito perfecto simple (단순과거)	presente (현재)	pretérito imperfecto (불완료과거)	afirmativo (긍정)	negativo (부정)
불규칙동사 자음 변화					
apetecía	apetecí	apetezca	apeteciera	-	-
apetecías	apeteciste	apetezcas	apetecieras	apetece	no apetezcas
apetecía	apeteció	apetezca	apeteciera	apetezca	no apetezca
apetecíamos	apetecimos	apetezcamos	apeteciéramos	apetezcamos	no apetezcamos
apetecíais	apetecisteis	apetezcáis	apetecierais	apeteced	no apetezcáis
apetecían	apetecieron	apetezcan	apetecieran	apetezcan	no apetezcan
aterrizaba	aterricé	aterrice	aterrizara	-	-
aterrizabas	aterrizaste	aterrices	aterrizaras	aterriza	no aterrices
aterrizaba	aterrizó	aterrice	aterrizara	aterrice	no aterrice
aterrizábamos	aterrizamos	aterricemos	aterrizáramos	aterricemos	no aterricemos
aterrizabais	aterrizasteis	aterricéis	aterrizarais	aterrizad	no aterricéis
aterrizaban	aterrizaron	aterricen	aterrizaran	aterricen	no aterricen
cogía	cogí	coja	cogiera	-	-
cogías	cogiste	cojas	cogieras	coge	no cojas
cogía	cogió	coja	cogiera	coja	no coja
cogíamos	cogimos	cojamos	cogiéramos	cojamos	no cojamos
cogíais	cogisteis	cojáis	cogierais	coged	no cojáis
cogían	cogieron	cojan	cogieran	cojan	no cojan
dedicaba	dediqué	dedique	dedicara	-	-
dedicabas	dedicaste	dediques	dedicaras	dedica	no dediques
dedicaba	dedicó	dedique	dedicara	dedique	no dedique
dedicábamos	dedicamos	dediquemos	dedicáramos	dediquemos	no dediquemos
dedicabais	dedicasteis	dediquéis	dedicarais	dedicad	no dediquéis
dedicaban	dedicaron	dediquen	dedicaran	dediquen	no dediquen

verbo(동사)			indicativo(직설법)			
infinitivo (동사원형)	gerundio (현재분사)	participio (과거분사)	presente (현재)	futuro (미래)	condicional (가정미래)	
불규칙동사 자음 변화						
parecer	pareciendo	parecido	parezco parece parecemos parecéis parecen	pareceré parecerás parecerá pareceremos pareceréis parecerán	parecería parecerías parecería pareceríamos pareceríais parecerían	
conocer						
vencer	venciendo	vencido	venzo vences vence vencemos vencéis vencen	venceré vencerás vencerá venceremos venceréis vencerán	vencería vencerías vencería venceríamos venceríais vencerían	
불규칙동사 모음 변화						
contar	contando	contado	cuento cuentas cuenta contamos contáis cuentan	contaré contarás contará contaremos contaréis contarán	contaría contarías contaría contaríamos contaríais contarían	
acostar, encontrar, volar						
jugar	jugando	jugado	juego juegas juega jugamos jugáis juegan	jugaré jugarás jugará jugaremos jugaréis jugarán	jugaría jugarías jugaría jugaríamos jugaríais jugarían	

indicativo(직설법)		subjuntivo(접속법)		imperativo(명령법)	
pretérito imperfecto (불완료과거)	pretérito perfecto simple (단순과거)	presente (현재)	pretérito imperfecto (불완료과거)	afirmativo (긍정)	negativo (부정)
불규칙동사 자음 변화					
parecía	parecí	parezca	pareciera	-	-
parecías	pareciste	parezcas	parecieras	parece	no parezcas
parecía	pareció	parezca	pareciera	parezca	no parezca
parecíamos	parecimos	parezcamos	pareciéramos	parezcamos	no parezcamos
parecíais	parecisteis	parezcáis	parecierais	pareced	no parezcáis
parecían	parecieron	parezcan	parecieran	parezcan	no parezcan
vencía	vencí	venza	venciera	-	-
vencías	venciste	venzas	vencieras	vence	no venzas
vencía	venció	venza	venciera	venza	no venza
vencíamos	vencimos	venzamos	venciéramos	venzamos	no venzamos
vencíais	vencisteis	venzáis	vencierais	venced	no venzáis
vencían	vencieron	venzan	vencieran	venzan	no venzan
불규칙동사 모음 변화					
contaba	conté	cuente	contara	-	-
contabas	contaste	cuentes	contaras	cuenta	no cuentes
contaba	contó	cuente	contara	cuente	no cuente
contábamos	contamos	contemos	contáramos	contemos	no contemos
contabais	contasteis	contéis	contarais	contad	no contéis
contaban	contaron	cuenten	contaran	cuenten	no cuenten
jugaba	jugué	juegue	jugara	-	-
jugabas	jugaste	juegues	jugaras	juega	no juegues
jugaba	jugó	juegue	jugara	juegue	no juegue
jugábamos	jugamos	juguemos	jugáramos	juguemos	no juguemos
jugabais	jugasteis	juguéis	jugarais	jugad	no juguéis
jugaban	jugaron	jueguen	jugaran	jueguen	no jueguen

Point 동사변화표(Tabla de conjugaciones verbales)

verbo(동사)			indicativo(직설법)			
infinitivo (동사원형)	gerundio (현재분사)	participio (과거분사)	presente (현재)	futuro (미래)	condicional (가정미래)	
불규칙동사 모음 변화						
llegar	llegando	llegado	llego llegas llega llegamos llegáis llegan	llegaré llegarás llegará llegaremos llegaréis llegarán	llegaría llegarías llegaría llegaríamos llegaríais llegarían	
apagar, arriesgar, despegar, navegar, pagar						
morir	muriendo	muerto	muero mueres muere morimos morís mueren	moriré morirás morirá moriremos moriréis morirán	moriría morirías moriría moriríamos moriríais morirían	
dormir						
pedir	pidiendo	pedido	pido pides pide pedimos pedís piden	pediré pedirás pedirá pediremos pediréis pedirán	pediría pedirías pediría pediríamos pediríais pedirían	
despedir, repetir, temblar, vestir						
pensar	pensando	pensado	pienso piensas piensa pensamos pensáis piensan	pensaré pensarás pensará pensaremos pensaréis pensarán	pensaría pensarías pensaría pensaríamos pensaríais pensarían	
acertar, ascender, entender, perder, merendar, recomendar, sentar						

indicativo(직설법)		subjuntivo(접속법)		imperativo(명령법)	
pretérito imperfecto (불완료과거)	pretérito perfecto simple (단순과거)	presente (현재)	pretérito imperfecto (불완료과거)	afirmativo (긍정)	negativo (부정)
불규칙동사 모음 변화					
llegaba	llegué	llegue	llegara	-	-
llegabas	llegaste	llegues	llegaras	llega	no llegues
llegaba	llegó	llegue	llegara	llegue	no llegue
llegábamos	llegamos	lleguemos	llegáramos	lleguemos	no lleguemos
llegabais	llegasteis	lleguéis	llegarais	llegad	no lleguéis
llegaban	llegaron	lleguen	llegaran	lleguen	no lleguen
moría	morí	muera	muriera	-	-
morías	moriste	mueras	murieras	muere	no mueras
moría	murió	muera	muriera	muera	no muera
moríamos	morimos	muramos	muriéramos	muramos	no muramos
moríais	moristeis	muráis	murierais	morid	no muráis
morían	murieron	mueran	murieran	mueran	no mueran
pedía	pedí	pida	pidiera	-	-
pedías	pediste	pidas	pidieras	pide	no pidas
pedía	pidió	pida	pidiera	pida	no pida
pedíamos	pedimos	pidamos	pidiéramos	pidamos	no pidamos
pedíais	pedisteis	pidáis	pidierais	pedid	no pidáis
pedían	pidieron	pidan	pidieran	pidan	no pidan
pensaba	pensé	piense	pensara	-	-
pensabas	pensaste	pienses	pensaras	piensa	no pienses
pensaba	pensó	piense	pensara	piense	no piense
pensábamos	pensamos	pensemos	pensáramos	pensemos	no pensemos
pensabais	pensasteis	penséis	pensarais	pensad	no penséis
pensaban	pensaron	piensen	pensaran	piensen	no piensen

Point 동사변화표(Tabla de conjugaciones verbales)

verbo(동사)			indicativo(직설법)			
infinitivo (동사원형)	gerundio (현재분사)	participio (과거분사)	presente (현재)	futuro (미래)	condicional (가정미래)	
불규칙동사 모음 변화						
preferir	prefiriendo	preferido	prefiero prefieres prefiere preferimos preferís prefieren	preferiré preferirás preferirá preferiremos preferiréis preferirán	preferiría preferirías preferiría preferiríamos preferiríais preferirían	
advertir, invertir, sentir, mentir						
volver	volviendo	vuelto	vuelvo vuelves vuelve volvemos volvéis vuelven	volveré volverás volverá volveremos volveréis volverán	volvería volverías volvería volveríamos volveríais volverían	
doler, llover						
불규칙동사 강세 변화						
actuar	actuando	actuado	actúo actúas actúa actuamos actuáis actúan	actuaré actuarás actuará actuaremos actuaréis actuarán	actuaría actuarías actuaría actuaríamos actuaríais actuarían	
enviar	enviando	enviado	envío envías envía enviamos enviáis envían	enviaré enviarás enviará enviaremos enviaréis enviarán	enviaría enviarías enviaría enviaríamos enviaríais enviarían	
confiar, esquiar, vaciar						

Point 동사변화표(Tabla de conjugaciones verbales)

indicativo(직설법)		subjuntivo(접속법)		imperativo(명령법)	
pretérito imperfecto (불완료과거)	pretérito perfecto simple (단순과거)	presente (현재)	pretérito imperfecto (불완료과거)	afirmativo (긍정)	negativo (부정)
불규칙동사 모음 변화					
prefería	preferí	prefiera	prefiriera	-	-
preferías	preferiste	prefieras	prefirieras	prefiere	no prefieras
prefería	prefirió	prefiera	prefiriera	prefiera	no prefiera
preferíamos	preferimos	prefiramos	prefiriéramos	prefiramos	no prefiramos
preferíais	preferisteis	prefiráis	prefirierais	preferid	no prefiráis
preferían	prefirieron	prefieran	prefirieran	prefieran	no prefieran
volvía	volví	vuelva	volviera	-	-
volvías	volviste	vuelvas	volvieras	vuelve	no vuelvas
volvía	volvió	vuelva	volviera	vuelva	no vuelva
volvíamos	volvimos	volvamos	volviéramos	volvamos	no volvamos
volvíais	volvisteis	volváis	volvierais	volved	no volváis
volvían	volvieron	vuelvan	volvieran	vuelvan	no vuelvan
불규칙동사 강세 변화					
actuaba	actué	actúe	actuara	-	-
actuabas	actuaste	actúes	actuaras	actúa	no actúes
actuaba	actuó	actúe	actuara	actúe	no actúe
actuábamos	actuamos	actuemos	actuáramos	actuemos	no actuemos
actuabais	actuasteis	actuéis	actuarais	actuad	no actuéis
actuaban	actuaron	actúen	actuaran	actúen	no actúen
enviaba	envié	envíe	enviara	-	-
enviabas	enviaste	envíes	enviaras	envía	no envíes
enviaba	envió	envíe	enviara	envíe	no envíe
enviábamos	enviamos	enviemos	enviáramos	enviemos	no enviemos
enviabais	enviasteis	enviéis	enviarais	enviad	no enviéis
enviaban	enviaron	envíen	enviaran	envíen	no envíen

Point 동사변화표(Tabla de conjugaciones verbales)

verbo(동사)			indicativo(직설법)			
infinitivo (동사원형)	gerundio (현재분사)	participio (과거분사)	presente (현재)	futuro (미래)	condicional (가정미래)	
불규칙동사 강세 변화						
prohibir	prohibiendo	prohibido	prohíbo prohíbes prohíbe prohibimos prohibís prohíben	prohibiré prohibirás prohibirá prohibiremos prohibiréis prohibirán	prohibiría prohibirías prohibiría prohibiríamos prohibiríais prohibirían	
불규칙동사 자음 + 모음 변화						
almorzar	almorzando	almorzado	almuerzo almuerzas almuerza almorzamos almorzáis almuerzan	almorzaré almorzarás almorzará almorzaremos almorzaréis almorzarán	almorzaría almorzarías almorzaría almorzaríamos almorzaríais almorzarían	
esforzar, forzar						
corregir	corrigiendo	corregido correcto	corrijo corriges corrige corregimos corregís corrigen	corregiré corregirás corregirá corregiremos corregiréis corregirán	corregiría corregirías corregiría corregiríamos corregiríais corregirían	
elegir						
creer	creyendo	creído	creo crees cree creemos creéis creen	creeré creerás creerá creeremos creeréis creerán	creería creerías creería creeríamos creeríais creerían	
leer						

446

Point 동사변화표(Tabla de conjugaciones verbales)

indicativo(직설법)		subjuntivo(접속법)		imperativo(명령법)	
pretérito imperfecto (불완료과거)	pretérito perfecto simple (단순과거)	presente (현재)	pretérito imperfecto (불완료과거)	afirmativo (긍정)	negativo (부정)
불규칙동사 강세 변화					
prohibía	prohibí	prohíba	prohibiera	-	-
prohibías	prohibiste	prohíbas	prohibieras	prohíbe	no prohíbas
prohibía	prohibió	prohíba	prohibiera	prohíba	no prohíba
prohibíamos	prohibimos	prohibamos	prohibiéramos	prohibamos	no prohibamos
prohibíais	prohibisteis	prohibáis	prohibierais	prohibid	no prohibáis
prohibían	prohibieron	prohíban	prohibieran	prohíban	no prohíban
불규칙동사 자음 + 모음 변화					
almorzaba	almorcé	almuerce	almorzara	-	-
almorzabas	almorzaste	almuerces	almorzaras	almuerza	no almuerces
almorzaba	almorzó	almuerce	almorzara	almuerce	no almuerce
almorzábamos	almorzamos	almorcemos	almorzáramos	almorcemos	no almorcemos
almorzabais	almorzasteis	almorcéis	almorzarais	almorzad	no almorcéis
almorzaban	almorzaron	almuercen	almorzaran	almuercen	no almuercen
corregía	corregí	corrija	corrigiera	-	-
corregías	corregiste	corrijas	corrigieras	corrige	no corrijas
corregía	corrigió	corrija	corrigiera	corrija	no corrija
corregíamos	corregimos	corrijamos	corrigiéramos	corrijamos	no corrijamos
corregíais	corregisteis	corrijáis	corrigierais	corregid	no corrijáis
corregían	corrigieron	corrijan	corrigieran	corrijan	no corrijan
creía	creí	crea	creyera	-	-
creías	creíste	creas	creyeras	cree	no creas
creía	creyó	crea	creyera	crea	no crea
creíamos	creímos	creamos	creyéramos	creamos	no creamos
creíais	creísteis	creáis	creyerais	creed	no creáis
creían	creyeron	crean	creyeran	crean	no crean

verbo(동사)			indicativo(직설법)			
infinitivo (동사원형)	gerundio (현재분사)	participio (과거분사)	presente (현재)	futuro (미래)	condicional (가정미래)	
불규칙동사 강세 변화						
empezar	empezando	empezado	empiezo	empezaré	empezaría	
			empiezas	empezarás	empezarías	
			empieza	empezará	empezaría	
			empezamos	empezaremos	empezaríamos	
			empezáis	empezaréis	empezaríais	
			empiezan	empezarán	empezarían	
comenzar						
huir	huyendo	huido	huyo	huiré	huiría	
			huyes	huirás	huirías	
			huye	huirá	huiría	
			huimos	huiremos	huiríamos	
			huís, huis	huiréis	huiríais	
			huyen	huirán	huirían	
destruir						
reír	riendo	reído	río	reiré	reiría	
			ríes	reirás	reirías	
			ríe	reirá	reiría	
			reímos	reiremos	reiríamos	
			reís	reiréis	reiríais	
			ríen	reirán	reirían	
freír						

indicativo(직설법)		subjuntivo(접속법)		imperativo(명령법)	
pretérito imperfecto (불완료과거)	pretérito perfecto simple (단순과거)	presente (현재)	pretérito imperfecto (불완료과거)	afirmativo (긍정)	negativo (부정)
불규칙동사 강세 변화					
empezaba	empecé	empiece	empezara	-	-
empezabas	empezaste	empieces	empezaras	empieza	no empieces
empezaba	empezó	empiece	empezara	empiece	no empiece
empezábamos	empezamos	empecemos	empezáramos	empecemos	no empecemos
empezabais	empezasteis	empecéis	empezarais	empezad	no empecéis
empezaban	empezaron	empiecen	empezaran	empiecen	no empiecen
huía	huí	huya	huyera	-	-
huías	huiste	huyas	huyeras	huye	no huyas
huía	huyó	huya	huyera	huya	no huya
huíamos	huimos	huyamos	huyéramos	huyamos	no huyamos
huíais	huisteis	huyáis	huyerais	huid	no huyáis
huían	huyeron	huyan	huyeran	huyan	no huyan
reía	reí	ría	riera	-	-
reías	reíste	rías	rieras	ríe	no rías
reía	rió	ría	riera	ría	no ría
reíamos	reímos	riamos	riéramos	riamos	no riamos
reíais	reísteis	riáis, riais	rierais	reíd	no riáis, riais
reían	rieron	rían	rieran	rían	no rían

Point 동사변화표(Tabla de conjugaciones verbales)

verbo(동사)			indicativo(직설법)			
infinitivo (동사원형)	gerundio (현재분사)	participio (과거분사)	presente (현재)	futuro (미래)	condicional (가정미래)	
단독 불규칙 동사						
andar	andando	andado	ando	andaré	andaría	
			andas	andarás	andarías	
			anda	andará	andaría	
			andamos	andaremos	andaríamos	
			andáis	andaréis	andaríais	
			andan	andarán	andarían	
caer	cayendo	caído	caigo	caeré	caería	
			caes	caerás	caerías	
			cae	caerá	caería	
			caemos	caeremos	caeríamos	
			caéis	caeréis	caeríais	
			caen	caerán	caerían	
dar	dando	dado	doy	daré	daría	
			das	darás	darías	
			da	dará	daría	
			damos	daremos	daríamos	
			dais	daréis	daríais	
			dan	darán	darían	
decir	diciendo	dicho	digo	diré	diría	
			dices	dirás	dirías	
			dice	dirá	diría	
			decimos	diremos	diríamos	
			decís	diréis	diríais	
			dicen	dirán	dirían	
estar	estando	estado	estoy	estaré	estaría	
			estás	estarás	estarías	
			está	estará	estaría	
			estamos	estaremos	estaríamos	
			estáis	estaréis	estaríais	
			están	estarán	estarían	

450

Point 동사변화표(Tabla de conjugaciones verbales)

indicativo(직설법)		subjuntivo(접속법)		imperativo(명령법)	
pretérito imperfecto (불완료과거)	pretérito perfecto simple (단순과거)	presente (현재)	pretérito imperfecto (불완료과거)	afirmativo (긍정)	negativo (부정)
단독 불규칙 동사					
andaba	anduve	ande	anduviera	-	-
andabas	anduviste	andes	anduvieras	anda	no andes
andaba	anduvo	ande	anduviera	ande	no ande
andábamos	anduvimos	andemos	anduviéramos	andemos	no andemos
andabais	anduvisteis	andéis	anduvierais	andad	no andéis
andaban	anduvieron	anden	anduvieran	anden	no anden
caía	caí	caiga	cayera	-	-
caías	caíste	caigas	cayeras	cae	no caigas
caía	cayó	caiga	cayera	caiga	no caiga
caíamos	caímos	caigamos	cayéramos	caigamos	no caigamos
caíais	caísteis	caigáis	cayerais	caed	no caigáis
caían	cayeron	caigan	cayeran	caigan	no caigan
daba	di	dé	diera	-	-
dabas	diste	des	dieras	da	no des
daba	dio	dé	diera	dé	no dé
dábamos	dimos	demos	diéramos	demos	no demos
dabais	disteis	deis	dierais	dad	no deis
daban	dieron	den	dieran	den	no den
decía	dije	diga	dijera	-	-
decías	dijiste	digas	dijeras	di	no digas
decía	dijo	diga	dijera	diga	no diga
decíamos	dijimos	digamos	dijéramos	digamos	no digamos
decíais	dijisteis	digáis	dijerais	decid	no digáis
decían	dijeron	digan	dijeran	digan	no digan
estaba	estuve	esté	estuviera	-	-
estabas	estuviste	estés	estuvieras	está	no estés
estaba	estuvo	esté	estuviera	esté	no esté
estábamos	estuvimos	estemos	estuviéramos	estemos	no estemos
estabais	estuvisteis	estéis	estuvierais	estad	no estéis
estaban	estuvieron	estén	estuvieran	estén	no estén

Point 동사변화표(Tabla de conjugaciones verbales)

verbo(동사)			indicativo(직설법)			
infinitivo (동사원형)	gerundio (현재분사)	participio (과거분사)	presente (현재)	futuro (미래)	condicional (가정미래)	
단독 불규칙 동사						
haber	habiendo	habido	he	habré	habría	
			has	habrás	habrías	
			ha (hay)	habrá	habría	
			hemos	habremos	habríamos	
			habéis	habréis	habríais	
			han	habrán	habrían	
hacer	haciendo	hecho	hago	haré	haría	
			haces	harás	harías	
			hace	hará	haría	
			hacemos	haremos	haríamos	
			hacéis	haréis	haríais	
			hacen	harán	harían	
satisfacer						
ir	yendo	ido	voy	iré	iría	
			vas	irás	irías	
			va	irá	iría	
			vamos	iremos	iríamos	
			vais	iréis	iríais	
			van	irán	irían	
oír	oyendo	oído	oigo	oiré	oiría	
			oyes	oirás	oirías	
			oye	oirá	oiría	
			oímos	oiremos	oiríamos	
			oís	oiréis	oiríais	
			oyen	oirán	oirían	

indicativo(직설법)		subjuntivo(접속법)		imperativo(명령법)	
pretérito imperfecto (불완료과거)	pretérito perfecto simple (단순과거)	presente (현재)	pretérito imperfecto (불완료과거)	afirmativo (긍정)	negativo (부정)
단독 불규칙 동사					
había	hube	haya	hubiera	-	-
habías	hubiste	hayas	hubieras	habe	no hayas
había	hubo	haya	hubiera	haya	no haya
habíamos	hubimos	hayamos	hubiéramos	hayamos	no hayamos
habíais	hubisteis	hayáis	hubierais	habed	no hayáis
habían	hubieron	hayan	hubieran	hayan	no hayan
hacía	hice	haga	hiciera	-	-
hacías	hiciste	hagas	hicieras	haz	no hagas
hacía	hizo	haga	hiciera	haga	no haga
hacíamos	hicimos	hagamos	hiciéramos	hagamos	no hagamos
hacíais	hicisteis	hagáis	hicierais	haced	no hagáis
hacían	hicieron	hagan	hicieran	hagan	no hagan
iba	fui	vaya	fuera	-	-
ibas	fuiste	vayas	fueras	ve	no vayas
iba	fue	vaya	fuera	vaya	no vaya
íbamos	fuimos	vayamos	fuéramos	vayamos	no vayamos
ibais	fuisteis	vayáis	fuerais	id	no vayáis
iban	fueron	vayan	fueran	vayan	no vayan
oía	oí	oiga	oyera	-	-
oías	oíste	oigas	oyeras	oye	no oigas
oía	oyó	oiga	oyera	oiga	no oiga
oíamos	oímos	oigamos	oyéramos	oigamos	no oigamos
oíais	oísteis	oigáis	oyerais	oíd	no oigáis
oían	oyeron	oigan	oyeran	oigan	no oigan

verbo(동사)			indicativo(직설법)			
infinitivo (동사원형)	gerundio (현재분사)	participio (과거분사)	presente (현재)	futuro (미래)	condicional (가정미래)	
단독 불규칙 동사						
poder	pudiendo	podido	puedo	podré	podría	
			puedes	podrás	podrías	
			puede	podrá	podría	
			podemos	podremos	podríamos	
			podéis	podréis	podríais	
			pueden	podrán	podrían	
poner	poniendo	puesto	pongo	pondré	pondría	
			pones	pondrás	pondrías	
			pone	pondrá	pondría	
			ponemos	pondremos	pondríamos	
			ponéis	pondréis	pondríais	
			ponen	pondrán	pondrían	
querer	queriendo	querido	quiero	querré	querría	
			quieres	querrás	querrías	
			quiere	querrá	querría	
			queremos	querremos	querríamos	
			queréis	querréis	querríais	
			quieren	querrán	querrían	
saber	sabiendo	sabido	sé	sabré	sabría	
			sabes	sabrás	sabrías	
			sabe	sabrá	sabría	
			sabemos	sabremos	sabríamos	
			sabéis	sabréis	sabríais	
			saben	sabrán	sabrían	
salir	saliendo	salido	salgo	saldré	saldría	
			sales	saldrás	saldrías	
			sale	saldrá	saldría	
			salimos	saldremos	saldríamos	
			salís	saldréis	saldríais	
			salen	saldrán	saldrían	

| indicativo(직설법) | | subjuntivo(접속법) | | imperativo(명령법) | |
pretérito imperfecto (불완료과거)	pretérito perfecto simple (단순과거)	presente (현재)	pretérito imperfecto (불완료과거)	afirmativo (긍정)	negativo (부정)
단독 불규칙 동사					
podía	pude	pueda	pudiera	-	-
podías	pudiste	puedas	pudieras	puede	no puedas
podía	pudo	pueda	pudiera	pueda	no pueda
podíamos	pudimos	podamos	pudiéramos	podamos	no podamos
podíais	pudisteis	podáis	pudierais	poded	no podáis
podían	pudieron	puedan	pudieran	puedan	no puedan
ponía	puse	ponga	pusiera	-	-
ponías	pusiste	pongas	pusieras	pon	no pongas
ponía	puso	ponga	pusiera	ponga	no ponga
poníamos	pusimos	pongamos	pusiéramos	pongamos	no pongamos
poníais	pusisteis	pongáis	pusierais	poned	no pongáis
ponían	pusieron	pongan	pusieran	pongan	no pongan
quería	quise	quiera	quisiera	-	-
querías	quisiste	quieras	quisieras	quiere	no quieras
quería	quiso	quiera	quisiera	quiera	no quiera
queríamos	quisimos	queramos	quisiéramos	queramos	no queramos
queríais	quisisteis	queráis	quisierais	quered	no queráis
querían	quisieron	quieran	quisieran	quieran	no quieran
sabía	supe	sepa	supiera	-	-
sabías	supiste	sepas	supieras	sabe	no sepas
sabía	supo	sepa	supiera	sepa	no sepa
sabíamos	supimos	sepamos	supiéramos	sepamos	no sepamos
sabíais	supisteis	sepáis	supierais	sabed	no sepáis
sabían	supieron	sepan	supieran	sepan	no sepan
salía	salí	salga	saliera	-	-
salías	saliste	salgas	salieras	sal	no salgas
salía	salió	salga	saliera	salga	no salga
salíamos	salimos	salgamos	saliéramos	salgamos	no salgamos
salíais	salisteis	salgáis	salierais	salid	no salgáis
salían	salieron	salgan	salieran	salgan	no salgan

455

verbo(동사)			indicativo(직설법)			
infinitivo (동사원형)	gerundio (현재분사)	participio (과거분사)	presente (현재)	futuro (미래)	condicional (가정미래)	
단독 불규칙 동사						
seguir	siguiendo	seguido	sigo	seguiré	seguiría	
			sigues	seguirás	seguirías	
			sigue	seguirá	seguiría	
			seguimos	seguiremos	seguiríamos	
			seguís	seguiréis	seguiríais	
			siguen	seguirán	seguirían	
conseguir						
ser	siendo	sido	soy	seré	sería	
			eres	serás	serías	
			es	será	sería	
			somos	seremos	seríamos	
			sois	seréis	seríais	
			son	serán	serían	
soler	soliendo	solido	suelo	-	-	
			sueles	-	-	
			suele	-	-	
			solemos	-	-	
			soléis	-	-	
			suelen	-	-	
tener	teniendo	tenido	tengo	tendré	tendría	
			tienes	tendrás	tendrías	
			tiene	tendrá	tendría	
			tenemos	tendremos	tendríamos	
			tenéis	tendréis	tendríais	
			tienen	tendrán	tendrían	
mantener						

indicativo(직설법)		subjuntivo(접속법)		imperativo(명령법)	
pretérito imperfecto (불완료과거)	pretérito perfecto simple (단순과거)	presente (현재)	pretérito imperfecto (불완료과거)	afirmativo (긍정)	negativo (부정)
단독 불규칙 동사					
seguía	seguí	siga	siguiera	-	-
seguías	seguiste	sigas	siguieras	sigue	no sigas
seguía	siguió	siga	siguiera	siga	no siga
seguíamos	seguimos	sigamos	siguiéramos	sigamos	no sigamos
seguíais	seguisteis	sigáis	siguierais	seguid	no sigáis
seguían	siguieron	sigan	siguieran	sigan	no sigan
era	fui	sea	fuera	-	-
eras	fuiste	seas	fueras	sé	no seas
era	fue	sea	fuera	sea	no sea
éramos	fuimos	seamos	fuéramos	seamos	no seamos
erais	fuisteis	seáis	fuerais	sed	no seáis
eran	fueron	sean	fueran	sean	no sean
solía	-	suela	soliera	-	-
solías	-	suelas	solieras	-	no suelas
solía	-	suela	soliera	-	no suela
solíamos	-	solamos	soliéramos	-	no solamos
solíais	-	soláis	solierais	-	no soláis
solían	-	suelan	solieran	-	no suelan
tenía	tuve	tenga	tuviera	-	-
tenías	tuviste	tengas	tuvieras	ten	no tengas
tenía	tuvo	tenga	tuviera	tenga	no tenga
teníamos	tuvimos	tengamos	tuviéramos	tengamos	no tengamos
teníais	tuvisteis	tengáis	tuvierais	tened	no tengáis
tenían	tuvieron	tengan	tuvieran	tengan	no tengan

Point 동사변화표(Tabla de conjugaciones verbales)

verbo(동사)			indicativo(직설법)			
infinitivo (동사원형)	gerundio (현재분사)	participio (과거분사)	presente (현재)	futuro (미래)	condicional (가정미래)	
단독 불규칙 동사						
traer	trayendo	traído	traigo traes trae traemos traéis traen	traeré traerás traerá traeremos traeréis traerán	traería traerías traería traeríamos traeríais traerían	
venir	viniendo	venido	vengo vienes viene venimos venís vienen	vendré vendrás vendrá vendremos vendréis vendrán	vendría vendrías vendría vendríamos vendríais vendrían	
ver	viendo	visto	veo ves ve vemos veis ven	veré verás verá veremos veréis verán	vería verías vería veríamos veríais verían	

Point 동사변화표(Tabla de conjugaciones verbales)

indicativo(직설법)		subjuntivo(접속법)		imperativo(명령법)	
pretérito imperfecto (불완료과거)	pretérito perfecto simple (단순과거)	presente (현재)	pretérito imperfecto (불완료과거)	afirmativo (긍정)	negativo (부정)
단독 불규칙 동사					
traía	traje	traiga	trajera	-	-
traías	trajiste	traigas	trajeras	trae	no traigas
traía	trajo	traiga	trajera	traiga	no traiga
traíamos	trajimos	traigamos	trajéramos	traigamos	no traigamos
traíais	trajisteis	traigáis	trajerais	traed	no traigáis
traían	trajeron	traigan	trajeran	traigan	no traigan
venía	vine	venga	viniera	-	-
venías	viniste	vengas	vinieras	ven	no vengas
venía	vino	venga	viniera	venga	no venga
veníamos	vinimos	vengamos	viniéramos	vengamos	no vengamos
veníais	vinisteis	vengáis	vinierais	venid	no vengáis
venían	vinieron	vengan	vinieran	vengan	no vengan
veía	vi	vea	viera	-	-
veías	viste	veas	vieras	ve	no veas
veía	vio	vea	viera	vea	no vea
veíamos	vimos	veamos	viéramos	veamos	no veamos
veíais	visteis	veáis	vierais	ved	no veáis
veían	vieron	vean	vieran	vean	no vean

459